Nur ein paar Stündchen

Nix wie raus, ganz schnell ins Grüne. Auch mit wenig Zeit lässt sich Großartiges erleben. Kleine und große Abenteuer warten direkt vor der Haustür.

4H

Raus für einen Tag

Man muss nicht das Land verlassen, um neue Welten zu entdecken. Einfach mal einen Tag lang raus aus dem Alltagsallerlei und rein in die Natur.

12H

Ferien für ein Wochenende

Warum auf die große Auszeit warten, wenn man einen Wochenendtrip in der Nähe machen kann? Vergnügen, Abenteuer und Wohlgefühl kompakt und intensiv.

36H

Abenteuer
ESKAPADEN
AUSZEIT
AUSGLEICH
Wochenende
LÄCHELN
STADT. LAND. FLUSS.
LEICHTIG-
KEIT
FREE
ERLEBEN
GRÜN
kleine
Fluchten
Wege
Lebensfreude
NATUR
GLÜCK
von Sarah Waltinger

LIEBE LESERIN, LIEBER LESER,

denkt man an Rheinhessen, hat man sofort ein weites Meer an Reben vor Augen. Doch die Region ist eben noch viel mehr. Zwischen den Weinbergen entdeckt man würzig duftende Kiefernwälder, romantische Flusstäler und charmante Dörfer. Und bei jedem Ausflug bekommt man Lust, Rheinhessen noch intensiver und mit allen Sinnen zu genießen. Da werden Gipfel erklommen, alte Bahntrassen erradelt und in lauschigen Oasen Weine verkostet.

Denn eins ist so sicher wie die alljährliche Traubenlese: In kaum einer anderen Region Deutschlands werden Genuss und Lebensfreude so zelebriert wie hier.

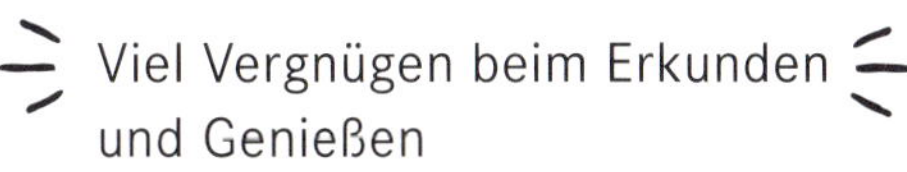

Viel Vergnügen beim Erkunden und Genießen

Sarah Waltinger

PS: Informationen zum GPX-Download gibt's auf Seite 224.

AUSZEIT.
ABENTEUER.
LEBENSFREUDE.

1. KAPITEL ABSTECHER

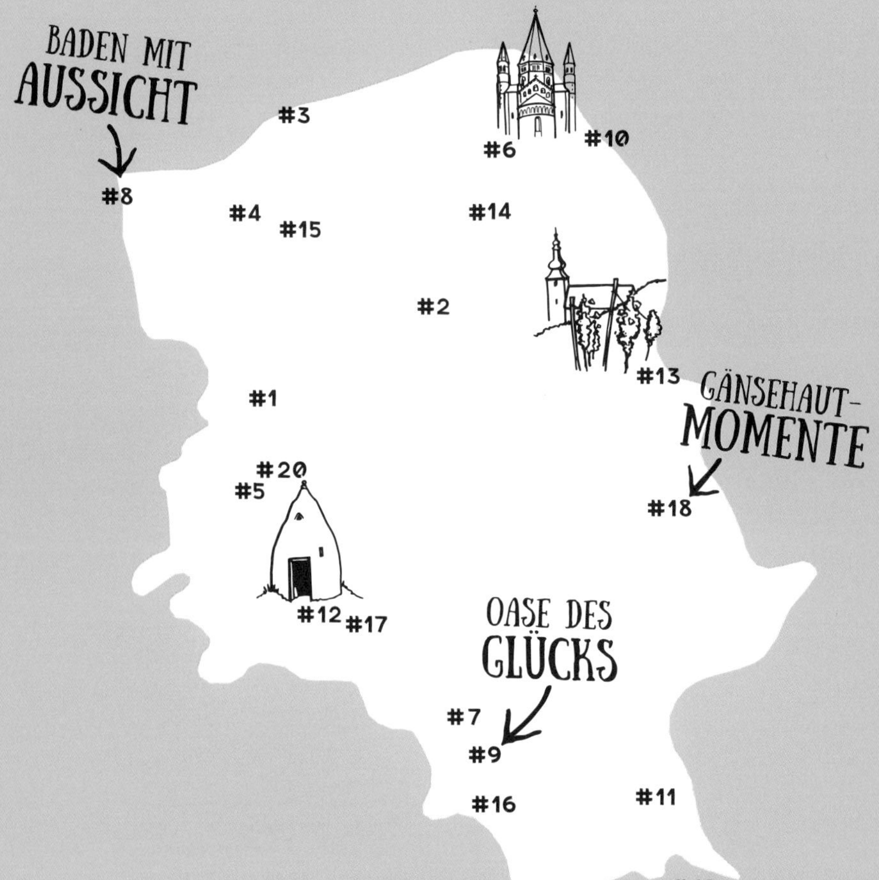

Nur ein paar Stündchen

4H

Die Region bei Nacht durchstreifen oder die Badesaison mit einem Sprung ins Nass einläuten – das kleine Abenteuer für zwischendurch ist ganz nah.

SCHAUKEL-PARTIE

Gute Gesellschaft, regionale Köstlichkeiten und eine Schaukel hoch über dem Rebenmeer. Es braucht nicht viele Zutaten für diese kleinen, feinen Momente des Glücks.

#Baumelschaukel #diekleinenFreuden #fürGenießer

Eine Runde Schaukeln tut der Seele gut und macht zu jeder Jahreszeit Laune. Ob man sich im September vom Sommer verabschiedet, dick eingemummelt im Winter hin und her schwingt oder im Frühling Ausschau nach den ersten Knospen an den umliegenden Rebstöcken hält.

Mittlerweile laden in Rheinhessen eine ganze Reihe Wingertsschaukeln aus massivem Holz zum glückseligen Schwingen durch die Lüfte ein. In Zotzenheim beispielsweise, in Aspisheim oder am Hang des Petersbergs (Eskapade #28). Die allererste ihrer Art fin-

---

Hin & weg: Von Bingen (Stadt) mit RB35 bis zum Bahnhof Welgesheim-Zotzenheim. Von hier sind es ca. 1,7 km bis zur Wingertsschaukel.

Beste Zeit: Ganzjährig. Besonders schön in den Abendstunden an einem warmen Tag.

Dauer: Ab 1 Std.

Ausrüstung: Picknickkorb, Wein und Gläser.

Mit Snacks und Wein geht's in die Weinberge von Welgesheim. Wer im März oder April herkommt, kann Ausschau nach den ersten Knospen halten.

det man in Welgesheim. Seit 2011 bietet die Weinbergschaukel genügend Platz für zwei Personen und ein fantastisches Panorama auf die rebenreichen Hügel und die im Tal liegenden Weinorte.

Vom Welgesheimer Bahnhof erreicht man die Schaukel innerhalb eines etwa 30-minütigen Fußmarsches. Über die Bahnhofstraße spaziert man mitten durch das kleine Dörfchen und weiter die Bergstraße hinauf, bis man kurz nach dem Place de Josefine, am Ort des Seele- und Füßebaumelns ankommt.

Zum vollkommenen Schaukelvergnügen fehlen nun noch ein Glas gefüllt mit rheinhessischem Wein und ein paar leckere Köstlichkeiten wie Gemüse-Quiche, Trauben und Focaccia. So lässt es sich herrlich hin und her schwingen und dabei zusehen, wie das Abendlicht die Landschaft in ihr goldenes Licht taucht.

Übrigens führt an der Wingertsschaukel der Napoleonsweg vorbei. Wer die Schaukelei mit einer kleinen Rundwanderung kombinieren will, kann das auf der 3,7 Kilometer langen familienfreundlichen Tour tun. Dabei folgt man dem Zeichen mit der Schnupftabakdose und begibt sich auf die Spuren Napoleon Bonapartes, der mehrmals von Paris nach Mainz reiste und hier bei Welgesheim den Wiesbach überquerte.

FAZIT: FÜR ALLE, DIE SICH NACH EINEM GENUSSVOLLEN STÜNDCHEN FÜR ZWISCHENDURCH SEHNEN. PERFEKT ALS KLEINES HIGHLIGHT ZUM FEIERABEND.

FREILUFT-MUSEUM

... in Stadecken-Elsheim

Open-Air-Kunst gibt's nur in Frankfurt? Denkste! Dank einfallsreicher lokaler Kunstschaffender wird Ausflüglern im rheinhessischen Stadecken-Elsheim eine Dauerausstellung unter freiem Himmel geboten.

#Bilderweg #ElftausendMägdeTurm #überdieSelz

→ ABSTECHER ...

Auch den sagenumwobenen Elftausend-Mägde-Turm passiert man auf dem Bilderweg.

Auf 5,6 Kilometern verläuft der Bilderweg in einer abwechslungsreichen Runde durch und um Stadecken-Elsheim. Am Wegesrand überraschen zahlreiche Werke lokaler Künstlerinnen und Künstler. Genauer gesagt kann man entlang der Strecke an gleich zwölf Stationen Bilder der Malerinnen Annemarie Kijaszek und Britta Jung sowie Fotografien von Thomas Brenner bewundern. Alle Exponate der Dauerausstellung im Grünen haben eines gemeinsam: Die Motive zeigen die Verbundenheit mit Rheinhessen, und einige der Bilder haben einen direkten Bezug zu ihrem Standort.

Die Idee zu dem beschilderten Spazierweg für Kunst-und-Heimatliebhaber entstand während eines Bretagne-Urlaubs. Eine Open-Air-Ausstellung über das Leben der Muschelfischer inspirierte den Fotografen Brenner zu einem ähnlichen Projekt in Stadecken-Elsheim (www.stadecken-elsheim.de > Tourismus & Wein > Wanderwege & Hiwweltour).

Anlässlich des 200-jährigen Rheinhessenjubiläums im Jahr 2016 wurde der Bilderweg umgesetzt und erlebte sogar noch während des Eröffnungsjahres einen Kunstraub. Kurz vor Muttertag fehlte eines der Bilder. Zum Glück war der Diebstahl nur temporärer Art. Das Bild kam so unerwartet zurück, wie es – kurzzeitig – verschwunden war. Fünf Tage später befand es sich wieder an seinem Platz.

Den Einstieg in den beschilderten Bilderweg kann man nach Lust und Laune wählen, zum Beispiel in der Bovoloner Allee an der Gemeindeverwaltung. Dort stimmen die ersten Exponate auf den Rundgang ein. Die Talstraße

Zwischen Selz, Wein und historischem Ortskern lässt sich Kunst am Wegesrand bestaunen.

entlangspazierend, entdeckt man die nächste Kunst-Station, bevor man sich rechts halten muss, um den Saubach zu passieren. Über die Katharienstraße und die Kirchgasse gelangt man in den alten Ortskern und zur Burg Stadeck, deren Geschichte bis ins 13. Jahrhundert zurückreicht.

Von der Burg folgt man der Beschilderung Richtung Selz. Einen Blick auf die Stadecker Warte werfend, geht es weiter durch die Weinberge, wo weitere Werke auf Alu-Dibond-Platten zwischen den Reben leuchten. Über die Mainzer-Straße erreicht man nun den Ortsteil Elsheim, wo der Bilderweg bis zum Elftausend-Mägde-Turm verläuft. Anschließend spaziert man über einen Wiesenpfad entlang der Selz gemütlich zurück zum Ausgangspunkt der Tour.

FAZIT: OPEN-AIR-GALERIE IN REIZVOLLER LANDSCHAFTSKULISSE – IDEAL ALS FEIERABEND-HIGHLIGHT ODER ALS SONNTAGSAUSFLUG FÜR LANGSCHLÄFER.

Hin & weg: Von Mainz (Bus 650 und 75) oder von Ingelheim (Bus 640 und 75) bis Stadecken-Elsheim, Ehrensäule.

Beste Zeit: An einem sonnigen Frühlingstag.

Dauer & Strecke: 2 Std. für 5,6 km.
Geführte Touren werden auf Anfrage angeboten (Jung-britta@t-online.de).

Ausrüstung: Bequeme Schuhe, Sonnencreme und Kopfbedeckung an wolkenlosen Tagen.

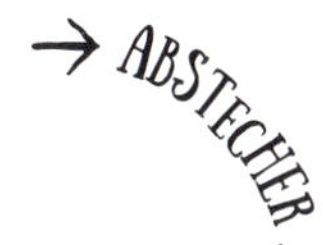

AUF SAFARI

Wenn sich im Mai die ersten Mohnblumen öffnen, ist die perfekte Zeit für einen Spaziergang durch die Auenlandschaft bei Ingelheim. Dort, wo die Selz in den Rhein mündet, begibt man sich ganz nebenbei auf die Spuren der wilden Tiere Rheinhessens.

#Rheinauenerlebnispfad #Wildlife #StorchKomoran&Co

Ein Horst im Rapsfeld – in den Rheinauen fühlen sich auch Störche wohl.

An der Hafenmole im beschaulichen Ingelheimer Stadtteil Frei-Weinheim beginnt der beschilderte Rheinauenerlebnispfad dort, wo die Fähre aus Oestrich-Winkel anlegt. Dabei stehen Spaziergängern verschieden lange Wege zur Auswahl – von einer kurzen Runde mit 2,4 Kilometern bis zur acht Kilometer langen Strecke, wobei die lange Tour sehr zu empfehlen ist. Infotafeln berichten allerhand Wissenswertes über das Naturschutzgebiet. Das Wegenetz verläuft durch eine abwechslungsreiche Gegend. Mal geht's durch den dichten Auenwald, dann wieder entlang einer Pappelallee, und besonders beschwingt wandert man auf den idyllischen Pfaden direkt am Rhein. Zwischen den Zweigen der Trauerweide hindurch blitzt Oestrich-Winkel auf der anderen Uferseite. Auch das Naturschutzgebiet Sandlache passiert man auf dem Erlebnisweg.

Nach ein paar Kilometern biegt man auf einen Wiesenpfad ab, um die Stufen zu einem Aussichtsturm zu erklimmen. Wer nun das Fernglas im Rucksack hat, ist klar im Vorteil. Denn natürlich locken die Rheinauen nicht nur Menschen an, sondern ebenso eine ganze Reihe Tiere. Insbesondere Vögel tummeln sich hier. Neben Gänsen, Schwänen und Enten ist das Naturschutzgebiet ein beliebter Nistplatz für den Weißstorch. Am Wasser fühlt sich als Fischjäger der Kormoran wohl und in den Auenwäldern kann, wer auf leisen Sohlen unterwegs ist und Geduld mitbringt, Nachtigall und Pirol, Klein-, Mittel- und Buntspecht beobachten.

Im Frühling kommt man, während man den Rheindamm entlangspaziert, an einem ganzen Meer wogender Mohnblumen und leuchtender Rapsblüten vorbei. Dort begegnet man zuweilen auch weniger wilden Tieren. Schafe und Rinder lassen sich das saftige Gras am Bach schmecken.

Hin & weg: Unmittelbar am Start gibt es links und rechts von der Rheinstraße Parkplätze. Wer mit dem ÖPNV anreist, fährt von Ingelheim Bahnhof mit dem Bus 611 oder 618 bis Frei-Weinheim, Talstraße (Fähre). Von hier sind es 3 Gehminuten zum Start der Tour.

Beste Zeit: An einem sonnigen Frühlingsmorgen oder -abend, wenn das Licht die Auenlandschaft golden beleuchtet.

Dauer & Strecke: Ca. 1,5–2 Std. Gehzeit für 8,2 km.

Ausrüstung: Bequeme Schuhe, Mückenschutz und Fernglas.

Zum Abschluss der Tour findet man in der Nähe des Starts am Spielplatz ein schönes Fleckchen für eine Rast, inklusive Hängematten. Alternativ sind der Ingelheimer Sommergarten (www.ingelheimer-sommergarten.de) und die Rhein-Klause (www.rhein-klause.de) nicht weit.

FAZIT: TIERE BEOBACHTEN, KRAFT TANKEN AM WASSER UND SICH DIE FRÜHLINGSLUFT UM DIE NASE WEHEN LASSEN. WAS WILL MAN MEHR?

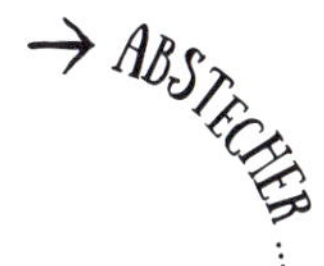

HOCH HINAUS

… in Gau-Algesheim

#4 *Hinauf auf den Gau-Algesheimer Kopf geht's bei dieser kurzen und knackigen Rundwanderung. Und wie es nach dem Bewältigen einiger Höhenmeter üblich ist, locken traumhafte Fernblicke en masse.*

#NSGGauAlgesheimerKopf #märchenhaft #Richardshöhe #Savoirvivre

Zurück in Gau-Algesheim lohnt es sich, noch eine Runde durch den historischen Ortskern zu drehen. Für eine Erfrischung nach der Wanderung steuert man am besten das Café und Bistro Pastis am Marktplatz an.

In der Nähe des Graulturmes in Gau-Algesheim beginnt die Rundwanderung, die hinauf zum Gau-Algesheimer Kopf führt. Das 47 Hektar große Naturschutzgebiet ist bekannt für eine ganze Reihe seltener Pflanzen, die hier gedeihen, darunter Leberblümchen, Küchenschelle, gelbe Sumpfschwertlilie, Diptam und verschiedene Orchideen.

Von dem historischen Ortskern Gau-Algesheims folgt man auf knapp drei Kilometern dem rot-weißen Symbol, das die Schutzhütte auf der Richardshöhe abbildet. Zunächst spaziert man am märchenhaften Graulturm vorbei und weiter auf einem schmalen, idylli-

Hin & weg: Zwischen Mainz und Bingen macht die RB 26 Halt in Gau-Algesheim. Ab Mainz außerdem die RB33. Vom Bahnhof Gau-Algesheim sind es etwa 10 Fußminuten bis zum Graulturm.

Beste Zeit: Im Frühling oder Frühherbst.

Dauer & Strecke: Ca. 1,5 Std. für die knapp 3 km lange Wanderung einplanen.

Ausrüstung: Festes Schuhwerk.

schen Pfad entlang des Welzbaches. Auf Höhe des Friedhofes verlässt man das friedlich plätschernde Gewässer und es geht stramm bergauf, bis Gau-Algesheim hinter einem ist. Obstwiesen und Weinberge passierend, erklimmt man die südwestliche Kante des Westerberges. Zwischendurch lohnt es, immer mal wieder eine Verschnaufpause einzulegen und einen Blick zurückzuwerfen. Denn oftmals hat man eine fantastische freie Sicht auf die Stadt, das Welzbachtal sowie hinüber zum Laurenziberg, dem Jakobsberg und dem Rochusberg mit ihren Wallfahrtskirchen. Sofern es nicht diesig ist, offenbaren sich sogar Panoramen bis zum Hunsrück und zum Taunus.

Nun taucht man ein in das auf 242 Metern liegende Naturschutzgebiet Gau-Algesheimer Kopf, von wo der Wanderweg durch den Wald führt, bis man den Aussichtspunkt Richardshöhe mit der Schutzhütte erreicht. Wieder wird man mit herrlichen Fernblicken verwöhnt.

Genug geschwärmt, wandert man von hier sanft bergab bis zum Beginn der Rundtour. Wem es jetzt nach einer guten Tasse Kaffee, einem erfrischenden Glas Pastis oder mediterranen Spezialitäten ist, dem sei das Café und Bistro Pastis (pastis-marktplatz.de) direkt auf dem Gau-Algesheimer Marktplatz empfohlen – für einen perfekten, kulinarischen Ausklang der Eskapade.

FAZIT: KURZE UND KNACKIGE (130 HÖHENMETER) WANDERUNG, DIE SICH FABELHAFT MIT ENTSPANNTEN GENUSSMOMENTEN IM CHARMANTEN GAU-ALGESHEIM VERBINDEN LÄSST.

Ruhen
und
Lauschen

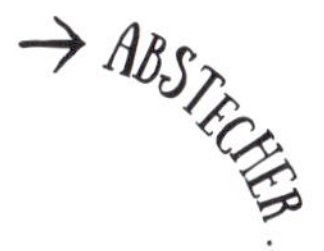

KLEINE WALDKUNDE

Über sanft federnde Waldpfade spazieren, die würzige Luft einatmen und Vogelhäuschen in den hohen Bäumen zählen. Auf dem naturpädagogischen Erlebnisweg in Wonsheim erfährt man allerlei Spannendes über die Flora und Fauna der Region und genießt nebenbei entschleunigende Momente im Grünen.

#Walderlebnisweg #AbtaucheninsGrüne #durchdenheimischenUrwald

Für diesen Abstecher steuert man die im Westen Rheinhessens gelegene Ortsgemeinde Wonsheim an. Unweit des Weindorfs erstreckt sich ein dichtes Waldgebiet und lädt zu Streifzügen durch den heimischen Urwald ein. Zwei Erlebnispfade (www.wonsheim.de > Freizeit & Tourismus > Wald) wollen Klein und Groß die Geheimnisse des Waldes näherbringen. Aber auch um die Natur beim Waldbaden mit viel Ruhe und allen Sinnen wahrzunehmen, ist die Umgebung rund um Wonsheim einfach herrlich.

Die beiden ausgeschilderten Wege lassen sich prima miteinander verbinden, sodass sich eine Gesamtlänge der Strecke von circa 8,3 Kilometern ergibt. Unterwegs passiert man zahlreiche Schautafeln und Aktionspunkte, die zur sportlichen Betätigung motivieren. Vom Wanderparkplatz an der Landstraße 400 zwischen Wonsheim und Hof Iben ist es ein kurzer Fußmarsch bis zum Beginn des Walderlebnisweges 1. Hinweistafeln führen ein in die Thematik und leiten zu den ersten Stationen des Erlebnispfades. Wer mag, klimpert eine Runde auf dem Wald-Xylophon, informiert

---

Hin & weg: Am besten mit dem Auto herkommen. Ein Wanderparkplatz nahe dem Startpunkt befindet sich an der Landstraße 400 zwischen Wonsheim und Hof Iben.

Beste Zeit: Ganzjährig. Besonders reizvoll im Frühling, wenn die Blätter sprießen und der Wald aus dem Winterschlaf erwacht.

Dauer & Strecke: Mit Pausen und Action ca. 3–3,5 Std für die 8,3 km lange Runde einplanen.

Ausrüstung: Bequeme Schuhe, Wasser und Proviant.

Zahlreiche Stationen sensibilisieren auf spielerische Weise für die Natur.

sich über Totholz und den Verrottungsprozess oder untersucht die Spuren der Waldbewohner. Nach ca. 1,5 Kilometern wechselt man zum Walderlebnisweg 2. Auch hier wollen heimische Baumarten erforscht werden, außerdem kann man sich im Weitsprung üben und am Stufenreck turnen. Zum Abschluss bietet das Waldlehrzimmer neben einer gemütlichen Rastmöglichkeit auch eine Tafel, die unter anderem zum Tic-Tac-Toe- und Galgenmännchenspielen einlädt. Von dort führt der Pfad über die letzte Etappe des ausgeschilderten Erlebnisweges 1 zurück zum Start der Waldrunde.

FAZIT: FAMILIENFREUNDLICHE TOUR ÜBER WUNDERBAR ABGESCHIEDENE PFADE MIT ZAHLREICHEN ÜBERRASCHUNGEN IM WALD.

BRÜCKEN-RADELN

... in Mainz

#6

Im Nu von einer Landeshauptstadt in die andere radeln. Das geht nur zwischen Mainz und Wiesbaden. Bei dieser knapp zehn Kilometer langen Rundtour ist der Rhein stetiger Begleiter. Zwischendurch sorgen zahlreiche Bars und Biergärten für Genussmomente am Wasser.

#ZweiBrückenRunde #Rheinradeln #mainzigartig #Dosenkunst

Über die Theodor-Heuss-Brücke radelt man von Rheinland-Pfalz nach Hessen. Vor der Reduit schaukelt das Strandschiff im Rhein.

Während die 3-Brücken-Tour als beliebte Flanier- und Jogging-Strecke der Mainzer bekannt ist, überquert man auf dieser Runde

zwar nur zwei Brücken, doch dafür tummeln sich auch weit weniger Ausflügler auf den Pfaden. Noch dazu radelt man an dem neuen Mainzer Stadtquartier Zollhafen vorbei, und auf der hessischen Seite weht im Schatten von Palmen ein Hauch Côte-d'Azur-Flair entlang des Weges.

Die Rundtour startet am Brückenkopf auf rheinland-pfälzischer Seite. Von hier geht's über die Theodor-Heuss-Brücke. Die Verbindung zwischen Hessen und Rheinland-Pfalz ist mit ihren Fachwerkbögen ein äußerst beliebter Fotospot – ganz besonders natürlich zum Sonnenuntergang.

Von der Brücke genießt man einen schönen Blick auf das Kasteler Museumsufer und das Strandschiff, das gemächlich vor dem Ufer schaukelt. Auf der anderen Rheinseite in Mainz-Kastel angekommen, steigt man unter der Brücke am besten für einen Moment vom Sattel ab und bestaunt die Dosenkunst an den Wänden. Die *murals* entstehen beim jährlich stattfindenden Meeting of Styles Event, bei dem internationale Künstlerinnen und Künstler die Unterführungen neu gestalten. Es lohnt sich also, der Open-Air-Galerie immer mal wieder einen Besuch abzustatten.

Zurück auf dem Rad geht's nun rheinabwärts am historischen Kran vorbei und unter den mehr als 100 Jahre alten Pappeln entlang. Nach knapp zwei Kilometern rollt es sich

Herzstück des neuen Zollhafen Stadtquartiers: das alte Weinlager (links). Von den Wänden der Unterführung in Kastel leuchtet Streetart (rechts).

auf dem Schiffbauerweg besonders herrlich, bevor man an der Brücke absteigt, um das Rad über die Fahrradrillen auf die Eisenbahnbrücke hinaufzubefördern. In luftiger Höhe überquert man dann wieder den Rhein über die Petersaue. Aber nicht, ohne mal eben rechts einen Blick auf das Biebricher Schloss zu werfen.

Wieder auf rheinland-pfälzischem Terrain lädt der neu gestaltete Mainzer Zollhafen zu einer kulinarischen Auszeit am Wasser ein. Bei F. Minthe sitzt es sich in den gemütlichen Liegestühlen ausgesprochen chillig – Zehen im Sand und erfrischender Drink in der Hand. Von hier radelt man im Anschluss über das Adenauer Ufer und am Kurfürstlichen Schloss vorbei bis zum Startpunkt.

FAZIT: ENTSPANNTE FEIERABEND-TOUR. AN SONNIGEN WOCHENENDEN KANN ES VOLL WERDEN.

Hin & Weg: Von der S-Bahn-Station Römisches Theater radelt man entlang des Rheins in etwa 5 Min. bis zur Theodor-Heuss-Brücke.

Beste Zeit: Im Sommer zur Biergartensaison.

Dauer & Strecke: 1,5–2 Std. für 10 km mit dem Rad plus Pause am Wasser.

Ausrüstung: Eigenes Fahrrad oder Mietrad von MVGmeinRad (www.mainzer-mobilitaet.de > Mehr Mobilität > meinRad), Geld für Speis' und Trank.

NARREN-FREIHEIT FÜR DIE NATUR

#7

Zwischen den Feldern des Wonnegau, südwestlich von Gundersheim, findet man ein außergewöhnliches Landschaftsbild vor. Bizarre Felsen und wild wuchernde Pflanzen prägen das Naturschutzgebiet Kalksteinbrüche Rosengarten. Ein seltenes Refugium, in dem die Natur ungestört sein darf.

#NSGKalksteinbrücheRosengarten #Naturpur #RufderWildnis

Schmetterlinge flattern umher. Eine Zauneidechse flitzt über die rostroten Steine, und in dem dichten Gebüsch summt und brummt es. Einst wurde auf den 11,2 Hektar südwestlich von Gundersheim Kalkstein für die Zuckerindustrie abgebaut, und auch für den Hausbau diente der Steinbruch. Später, nach Aufgabe des Steinbruchbetriebs, hielt das

Über einen kleinen Rundweg kann man das Naturschutzgebiet auf eigene Faust erkunden.

Gelände als Mülldeponie her. Doch mit dem Widerstand engagierter Naturschützer wurde das Abladen von Abfall eingestellt, und nach der Ausweisung der Kalksteinbrüche als Naturschutzgebiet sicherte man den Erhalt der Gegend.

Seit dem Ende der 1970er-Jahre wird es von der BUND-Kreisgruppe Alzey-Worms (wonnegau.bund-rlp.de > Themen und Projekte > Naturschutzgebiet »Kalksteinbrüche Rosengarten«) betreut. Man führte Pflegemaßnahmen wie Mäharbeiten und die Lenkung der Besucher weg von empfindlichen Teilen des Geländes durch. So wurde der Steinbruch zu einem Fleckchen, an dem die Natur Narrenfreiheit genießt. Heute zählt er zu den artenreichsten Schutzgebieten der Region und ist ein wichtiger Rückzugsort für zahlreiche Pflanzen und Tierarten.

Vom Bahnhof Gundersheim hat man einen etwa 20-minütigen Fußmarsch bis dorthin vor sich. Es geht an Pferden und Äckern vorbei, und im Sommer wiegen Sonnenblumen am Feldrand ihre Köpfe. Auf einem kleinen Rundweg taucht man in die einzigartige Flora und Fauna des Steinbruchs ein. Dabei ist es zum Schutz der Natur und aufgrund der Erdrutsch- und Absturzgefahr rund um die Steilhänge wichtig, auf den Wegen zu bleiben. Ein Hinweisschild warnt außerdem vor Zecken auf dem Steinbruch-Terrain.

Alle Vorsichtsmaßnahmen beachtet, steht nun nichts mehr im Wege, um sich an dem kleinen Idyll zu erfreuen.

Hin & weg: Mit dem RB 35 aus Richtung Worms oder Bingen/Alzey zum Bahnhof Gundersheim fahren. Von hier sind es 1,6 km bis zum Naturschutzgebiet.

Beste Zeit: Im Frühling und Frühsommer. Von Mai–Juli blüht es im Steinbruch besonders üppig.

Dauer: Ab 1 Std.

Ausrüstung: Bequeme Schuhe und Kopfbedeckung. Außerdem ist Kleidung ratsam, die vor Zecken schützt. Also langärmlige Shirts und lange Hosen. Letztere am besten in die Socken stecken.

FAZIT: KLEINES IDYLL ZWISCHEN FELDERN UND WEIN: FAST NOCH EIN GEHEIMTIPP.

SEENSUCHT STILLEN

 … im Naturerlebnisbad Bingerbrück 

Eine der wohl schönsten Oasen, um sich im Hochsommer Abkühlung zu verschaffen, ist das Naturerlebnisbad in Bingen. Ein Ort für unbeschwerte Stunden, ein erfrischendes Vergnügen, und die Aussicht ist auch nicht zu verachten.

#Naturerlebnisbad #bathwithaview #Sommerfreuden

Wer wagt den Sprung ins smaragdfarbene Nass?

Ein Tag im Hochsommer, wie er nicht herrlicher beginnen könnte: Zunächst isst man genüsslich auf dem Badetuch mitgebrachte Croissants und nippt am Cappuccino. Danach zieht man im Freibad rhythmisch seine Bahnen. On top wird sowohl das Frühstück als auch die Erfrischung im kühlen Nass begleitet von einem phänomenalen Blick über das Rheintal bis zum Niederwalddenkmal im Rheingau.

Mit kristallklaren natürlichen Gewässern zum Schwimmen und Planschen ist Rheinhessen zwar nicht gerade gesegnet. Dieses außergewöhnlich angelegte Exemplar eines Freibades kann jedoch locker mit jedem Bergsee mithalten. Das Naturerlebnisbad Bingerbrück (naturbad.rheinwelle.com) hoch über den Dächern Bingens ist ein Garant für erfrischende und entspannende Hochsommer-Momente. In den Jahren 2004 und 2005 baute man das 1969 eröffnete Freibad zu einem Naturerlebnisbad um.

In den nächsten Jahren folgten erneute Baumaßnahmen. Seit 2009 ist die terrassenförmige Badeoase am Hang ein Magnet für Nixen und Sonnenanbeter. Charakteristisch für das natürliche Erlebnis ist der Verzicht auf Chlor. Stattdessen kommen rein biologische Filtersysteme zum Einsatz. Einzige Ausnahme: Das Kleinkind-Becken. In dem etwas abseits des großen Schwimmteichs gelegenen und mit Sonnensegeln geschützten Bereich für kleine Wasserratten kommt Chlor zum Einsatz.

Der 2000 Quadratmeter große Schwimmteich ist umgeben von Gräsern und weitläufigen Liegewiesen, die sich über verschiedene Ebenen erstrecken. Holzstege ragen idyllisch

---

Hin & weg: Vom Hauptbahnhof Bingen mit Buslinie 606 bis Haltestelle Bingerbrück, Wilhelm-Beumer-Weg.

Beste Zeit: Im Hochsommer. Saison ist von Mitte Mai bis Mitte September. Die Besucherzahl pro Tag ist auf 1800 Gäste begrenzt. Nach Erreichen der Grenze ist kein Einlass mehr möglich. Gerade in der Ferienzeit und an Wochenenden empfiehlt es sich daher, schon am Vormittag zu kommen.

Dauer: Ab 2 Std.

Ausrüstung: Badesachen, Handtuch, Sonnencreme, Sonnenbrille und Wasserflasche.

Natürliches Badevergnügen ganz ohne Chlor, sondern mit rein biologischen Filtersystemen.

in die Wasserlandschaft hinein, und Mutige wagen vom Sprungturm den Satz ins kühle Nass. Wer mag, tobt sich auf dem Beachvolleyball-Feld aus, und auch die kleinsten Besuchenden finden einen Platz zum ausgiebigen Planschen.

Für das leibliche Wohl ist ebenfalls gesorgt. Auf der Terrasse des Sommercafés gibt's Snacks und Pizzen. Außerdem kann man hier natürlich einer weiteren Sommervergnügung nachgehen: Eiscreme schlecken.

FAZIT: SO DARF GERN JEDER SOMMERTAG AUSSEHEN – CHEMIEFREIER BADESPAß MIT PANORAMA-AUSSICHT ÜBER DAS RHEINTAL.

SCHÖNE FLECKCHEN

... in Flörsheim-Dalsheim

Zwei Gründe mehr, Rheinhessen zu lieben: Im Süden der Region kann man eine jahrhundertealte Ortsbefestigung besichtigen und sich in einem der herrlichsten Gärten weit und breit verwöhnen lassen.

#Fleckenmauer #CaféAugenwaide #Gartenträume

Glückselige Momente genießt man im Café Augenwaide.

→ ABSTECHER ...

Rund zehn Kilometer westlich von Worms liegt das beschauliche Flörsheim-Dalsheim. Die Ortsgemeinde, die sich aus Nieder-Flörsheim und Dalsheim bildet, genießt eine kleine, aber feine Portion Ruhm in der Region. Denn hier kann man die einzige noch erhaltene mittelalterliche Ortsbefestigung in Rheinhessen begutachten. Seit dem 15. Jahrhundert zieht sich die Fleckenmauer über mehr als einen Kilometer wie ein leicht aus der Form geratenes Viereck um den historischen Kern von Dalsheim. Alle sieben Türme der Anlage aus Kalkstein sind bis heute intakt. Nur die zwei Tore existieren seit Mitte des 19. Jahrhunderts nicht mehr.

Die Fleckenmauer grenzt direkt an die Weinberge. So lässt sich der Sightseeing-Stop prima mit einer kleinen Rundwanderung verbinden. Über den Gundersheimer Weg geht's

am Friedhof vorbei, bis man zur Linken und Rechten vom Rebenmeer umgeben ist. Nach etwa 1,5 Kilometern links abbiegen und den zweiten Abzweig nach rechts nehmen. Nun für einen Moment den märchenhaften Hedwig-Keller-Turm in der Ferne bestaunen und

Hin & weg: Mit der Regionalbahn von Worms bis zum Bahnhof Flörsheim-Dalsheim.

Beste Zeit: Frühling–Herbst. Besonders herrlich sitzt es sich im Garten des Cafés an einem sonnigen Sommertag.

Dauer & Strecke: 1 Std. für die Wanderung (3,5 km) plus 1,5–2 Std. für die Einkehr. Öffnungszeiten gibt's hier: www.augenwaide-floersheim-dalsheim.de/café. Die Wanderung ist nicht beschildert, also besser den GPS Track downloaden.

Ausrüstung: Bequeme Schuhe und Geld für das Café.

Nach der Mini-Wanderung gibt's im Garten des Cafés viel zu entdecken.

danach links halten, um das erste von zwei Trulli auf der Strecke nicht zu verpassen.

Trullo numero zwei passiert man nach rund drei Kilometern. Hier gibt's außerdem die Stufen einer Aussichtsplattform zu ersteigen. Oben angekommen, wartet ein fantastischer Blick hin zur Fleckenmauer und über die Weinberge bis weit über die andere Rheinseite. Bei klarer Sicht erkennt man sogar den Wormser Dom und die Erhebungen des Odenwaldes.

Genug dem herrlichen Panorama gefrönt, geht's zurück zum Start der Miniwanderung, zur Fleckenmauer. Der Name Flecken stammt übrigens nicht etwa von einem extravaganten Muster der Anlage. Er rührt vielmehr daher, dass der Ortsteil Dalsheim einst als Flecken bezeichnet wurde.

Die Fleckenmauer ist nicht die einzige Attraktion, die Flörsheim-Dalsheim zu bieten hat. Einen 20-minütigen Fußmarsch von der mittelalterlichen Ortsbefestigung entfernt, lädt das Café Augenwaide zu genussvollen Momenten in einzigartigem Ambiente ein. Auf der entzückenden Terrasse genießt man feine Kuchen und Torten inmitten des liebevoll angelegten Gartens. Als wäre das nicht schon mehr als genug, gibt's auf selbigem Terrain außerdem eine Gärtnerei sowie Deko- und Hofladen. Zeit mitzubringen lohnt hier also unbedingt.

FAZIT: SIGHTSEEING, WEINBERGE UND KUCHENGLÜCK IN EINER ZAUBERHAFTEN OASE – EIN WIRKLICH SCHÖNES FLECKCHEN, DIESES FLÖRSHEIM-DALSHEIM!

Mit allen Wassern

#10

Kaum eine andere Wassersportart wirkt so entspannend und entschleunigend wie das Stehpaddeln. Ganz besonders, wenn man durch die idyllische Natur des Ginsheimer Altrheins gleitet. Ein Garant für glückselige Sommerabende.

#Stehpaddelglück #Hochsommerfreuden #Wasserratten

Die hessische Rheinseite erreicht man entweder mit dem Bus oder per Rad. Erblickt man bei Letzterem den historischen Kran, ist das Ziel zum Greifen nah.

Auf 6,3 Kilometern schlängelt sich der Ginsheimer Altrhein zwischen der Nackenheimer Schwelle bis kurz vor das Mainspitzdreieck. Teile des Gebietes stehen unter Naturschutz und der gesamte rechtsrheinische Altrheinarm ist geprägt von einer dichten Vegetation. Für diese besondere Naturschönheit begibt man sich auch gerne mal auf einen Ausflug nach Hessen.

Rad- und Spazierwege verlaufen entlang des Ufers. Besonders reizvoll ist es aber, die Idylle vom Wasser aus zu genießen. Und zwar beim Stand-up-Paddeln. In gemächlichem Tempo über die Wasseroberfläche gleiten und dabei den gesamten Körper trainieren.

Also nichts wie hin zum Ginsheimer Altrheinufer. Das Gewässer ist übrigens ideal für SUP-Anfänger und für all jene, denen die Vorstellung des Suppens auf dem großen Rhein die Knie weich werden lassen. Ein weiterer Pluspunkt: Hinter dem kleinen Jachthafen sind keine motorisierten Boote erlaubt. Man kann also ganz entspannt mit Enten und Schwänen um die Wette gleiten, ohne Jetskis oder Jachten ausweichen zu müssen.

Wer kein eigenes Brett hat, kann sich ein Board bequem vor Ort beim Bootshaus Haupt leihen. Das liegt in Rufweite zur Fähre Johanna, die zwischen dem Ginsheimer Altrheinufer und der Insel Nonnenau verkehrt. In der Ferienzeit und an hochsommerlichen Wochenenden kann es auf dem Fluss schon mal trubelig werden und man muss sich vielleicht etwas gedulden, bis ein freies Brett zur Verfügung steht.

Der reizvollste Weg zum Ginsheimer Altrheinufer führt mit dem Rad von der rheinland-pfälzischen Landeshauptstadt den Rhein entlang auf die hessische Seite. Zunächst fährt man von der Mainzer Innenstadt am Winterhafen entlang und weiter über den Radweg parallel zur Bahnschiene durch Weisenau. Hinter dem Zementwerk geht's über die Weisenauer Brücke. Danach rollt man den Damm und am Altrhein entlang bis zur Fähre und dem Bootshaus. Alternativ hüpft man von Mainz in den Bus und ist im Nu am Ort des Stehpaddelglücks.

Neben Tret- und Ruderbooten bietet das Bootshaus Haupt auch einen SUP-Verleih. Zum Tagesausklang sitzt es sich im dazugehörigen Restaurant sehr schön am Wasser.

FAZIT: ERST RADELN, DANN STEHPADDELN. EINE SPORTLICHE ESKAPADE, PERFEKT ALS FEIERABENDPROGRAMM FÜR TRISTE BÜROTAGE.

Hin & weg: Mit der Buslinie 60 von Mainz bis Ginsheim, Heimatmuseum. Alternative: Auf's Rad schwingen.

Beste Zeit: Im Hochsommer. Vom 15. April bis 15. Juni ist Brutzeit und weite Teile des Altrheins sind für alle Wasserfahrzeuge gesperrt. Infos und Öffnungszeiten der Verleihstation unter sub.bootshaus-haupt.de. Montags ist Ruhetag.

Dauer: Ab 1 Std.

Ausrüstung: Badesachen, Handtuch, Sonnencreme, Trinkflasche, Bargeld, evtl. wasserdichte Tasche für Wertsachen.

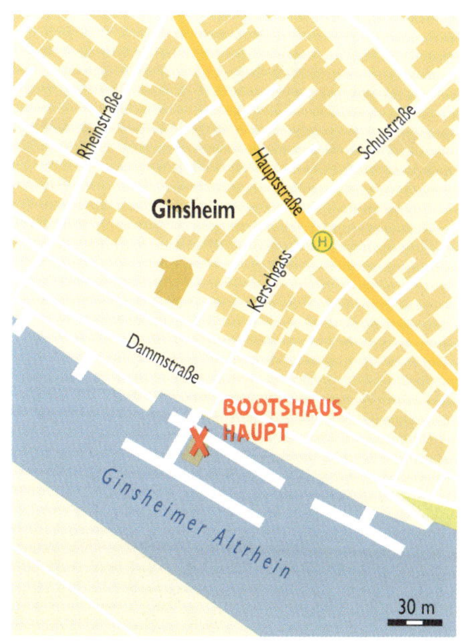

FLANIEREN FÜR ANFÄNGER

... in Worms-Herrnsheim

#11

Wer denkt, dass Wormser Attraktionen nur im Zentrum der Nibelungenstadt zu finden sind, der irrt. So kann man im beschaulichen Stadtteil Herrnsheim einen wahren architektonischen Augenschmaus entdecken und gibt sich beim Besuch ganz nebenbei dem süßen Nichtstun hin.

#SchlossHerrnsheim #Mundraub #MutzumMüßiggang

Erst spazieren, dann auf der Terrasse des Kabinetts schwelgen – die perfekte Kombination.

Am Rande von Worms-Herrnsheim thront ein pistaziengrünes Herrschaftsgebäude mit korallenroten Akzenten, umgeben von einer grünen Oase. Das Schloss Herrnsheim (www.worms-erleben.de > Entdecken & staunen > Sehenswürdigkeiten), das dem Wormser Stadtteil seinen Namen gab, geht auf eine im

---

Hin & weg: Von Worms mit dem Bus (407) bis Herrnsheim, Park.

Beste Zeit: Zu jeder Zeit ein Genuss. Besonders schön an einem warmen Tag im Frühherbst, dann kann man auch von den Feigen naschen. Die Besichtigung des Schlosses ist nur im Rahmen einer Führung möglich. Spazieren durch den Park geht jederzeit.

Dauer: Ab 1,5 Std.

Ausrüstung: Niente.

Über Kiespfade und Brücken spaziert man durch den Schlosspark, gestaltet im Stil eines englischen Landschaftsgartens.

Jahre 1460 erbaute Burg zurück. Das auf den Überresten errichtete Schloss war Stammsitz der Kämmerer von Worms, genannt von Dalberg. Während des Dreißigjährigen Krieges wurde es stark beschädigt. 1711 begann der Wiederaufbau eines barocken Bauwerkes, bevor es 1792 abermals einer Ruine glich, als das linke Rheinufer im ersten Koalitionskrieg besetzt wurde.

Man errichtete das Schloss nach Plänen des Mannheimer Architekten Jakob Friedrich Dyckerhoff im Empire-Stil, wie man es auch heute vorfindet. Mitte des 19. Jahrhunderts erfolgten nochmals einige Umbauten. So erhielt der Bibliotheksturm ein weiteres Geschoss, und das Hauptgebäude wird seitdem von einer Terrasse umgeben.

An das Schloss grenzt ein 10,5 Hektar großer Park. Gestaltet im Stil eines englischen Landschaftsgartens, zählt er zu den bedeutendsten seiner Art in Rheinland-Pfalz. Bei einem Streifzug durch den malerischen Schlosspark wandelt man an Teichen und einer Insel mit schmiedeeisernen Brücken vorbei. Ein wahres Filetstückchen ist auch die Orangerie, in der sich das Schlosscafé befindet.

Rund um das Gebäude wachsen üppige Feigensträucher. Wer also zwischen Mitte September und Mitte Oktober kommt, kann hier reichlich Beute machen und von den reifen Früchten naschen.

Hat man nach den süßen Feigen erst richtig Appetit, sei einem zusätzlich zum Café das Kabinett empfohlen. Inmitten des mediterranen Ambientes des Schlosshofes genießt man in dem Restaurant wechselnde Tagesgerichte und sensationell köstlichen Kuchen.

Im Anschluss gleich beim Nachbarn, der Wonnegauer Ölmühle vorbeischauen. Denn dort gibt's mit feinen Pestos, kaltgepressten Ölen und eingelegten Früchten eine Portion Dolce Vita für zu Hause.

FAZIT: SPAZIEREN IM ENGLISCHEN LANDSCHAFTSGARTEN UND SCHLEMMEN IM SCHLOSSHOF – EIN HERRSCHAFTLICHES VERGNÜGEN.

SEELEN-FUTTER

… in Alzey-Weinheim

#12

Die Stars dieser Rundwanderung sind weder Reben noch saftige Wiesen. Sie haben ihre Wurzeln in den Anden Südamerikas und das flauschigste Fell weit und breit. Alpakas sind als gesellige und gutmütige Vierbeiner bekannt, die sich gern in gemächlichem Tempo spazieren führen lassen. Entspannung pur.

#MrPepper&Co #Küstenweg #Poppenschenke #WeinheimerTrift

Neugierig beäugen Karl, Rudi, Habanero und Mr. Pepper die Neuankömmlinge mit ihren runden, dunklen Knopfaugen. Sofort ist man den sanft unter dem wuscheligen Lockenkopf dreinblickenden Alpakas verfallen und möchte ausgiebig das kuschlige Fell kraulen. Dabei sind die Vierbeiner Streicheleinheiten eher weniger zugeneigt. Am Hals und an den Schultern werden vorsichtige Liebkosungen aber wohlwollend akzeptiert.

Die Alpakas, die ihr Leben auf dem Anwesen des Weinguts Meiser (www.weingut-meiser.de/alpakas) genießen, stammen übrigens ganz aus der Nähe, nämlich von der Kisselmühle im Rheingau (Eskapade #48). Und da ihr dickes Fell die Tiere auch im deutschen Winter schön warmhält, bietet das Weingut das ganze Jahr über Touren an. Hierbei bringt Alpaka-Guide Charlotte gerne Abwechslung rein und wechselt die Strecke immer mal wieder. Auch die Tagesform der Tiere spielt eine Rolle bei der Wahl der Route. Diesmal geht's über einen Teil des Küstenwegs Weinheimer Bucht, in dem man spannende Einblicke in die erdgeschichtliche Vergangenheit der Region bekommt.

Hin & weg: Von Alzey mit dem Bus (421, 425, 428, 429) bis Weinheim, Poppenmühle.

Beste Zeit: Alpaka-Wanderungen finden das ganze Jahr über statt. Besonders vergnüglich ist die Tour an einem Tag im Frühherbst oder Spätsommer. Dann lässt es sich nach der Wanderung noch gemütlich im Hof der Poppenschenke sitzen.

Dauer & Strecke: Insgesamt 2,5–3 Std. einplanen. Ca. 1,5 Std. für die etwa 3 km lange Wanderung plus Einkehr.

Ausrüstung: Feste Schuhe, Bargeld für Tour und Einkehr.

Von der Poppenschenke mit dem barocken Brunnen im Hof geht es mit den Alpakas Richtung Weinheimer Trift, das auch heute noch als Fundstelle für Fossilien bekannt ist.

Besonders eindrucksvoll und bei Fachkundigen weit über die Grenze Rheinhessens bekannt, ist die Weinheimer Trift (www.weindorfweinheim.com/naturdenkmal-weinheimer-trift). In der unscheinbaren Sandgrube findet man noch heute immer wieder erstaunlich gut erhaltene Fossilien. Für das Geotop können sich die Alpakas weniger begeistern als ihre zweibeinigen Begleiter. Dafür ist die Wiese vor der Sandgrube ein willkommenes Fleckchen für eine ausgiebige Futterpause, bevor es in gemächlichem Tempo zurück zum Weingut geht.

Zum Abschluss lädt die Poppenschenke (www.weingut-meiser.de/poppenschenke) zum genussvollen Ausklang ein. Im lauschigen Hof mit dem barocken Brunnen werden hausgemachte Spezialitäten und Wein serviert. Von eben jenen Reben, an denen man eben noch vorbeigewandert ist.

FAZIT: ENTSCHLEUNIGENDE WANDERUNG MIT DEN KNUFFIGSTEN BEGLEITERN, DIE MAN SICH NUR VORSTELLEN KANN – GLÜCKSMOMENTE GARANTIERT!

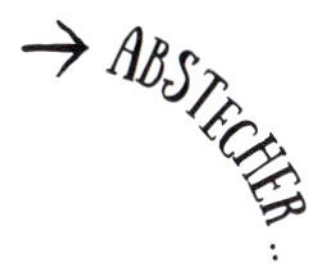

AUF SPUREN-SUCHE

#13

Es mag aufregendere Orte als den Niersteiner Stadtteil Schwabsburg geben. Aber wo findet man schon solch geballte Historie auf kleinem Terrain zum hautnah erleben? Eine Audio-Geschichtsstunde für lau.

#KulTOUR #Geschichtehautnah #AudioguideSpaziergang

Das ehemalige Backhaus ist eine der Stationen der KulTOUR durch Schwabsburg.

Wie sah wohl das Leben in Rheinhessen im Mittelalter aus? Zur Zeit des Römischen Reiches, das sich im 13. Jahrhundert von Deutschland bis in den Süden Italiens erstreckte. Kein Geringerer als der Enkel des berühmten Kaisers Friedrich Barbarossa, Staufer-König Friedrich II., herrschte damals über das Imperium. Spuren jener Zeit findet man auch heute noch in der Region, etwa im Niersteiner Stadtteil Schwabsburg.

Hin & weg: Die S6 verkehrt zwischen Mainz und Worms mit Halt am Niersteiner Bahnhof.

Beste Zeit: An einem freundlichen Herbsttag.

Dauer & Strecke: 2–3 Std. für die KulTOUR (7 km inklusive Weg vom Niersteiner Bahnhof) und Kaffeepäuschen auf dem Marktplatz einplanen.

Ausrüstung: Bequeme Schuhe und Smartphone mit QR-Code-Scanner.

Drei audiovisuelle Rundgänge (www.kultour-nierstein.de) laden dazu ein, in die Geschichte der Region einzutauchen. Bei der KulTour 1 macht man Halt an sechs Stationen. Scannt man die QR-Codes auf den Infotafeln mit dem Smartphone, erfährt man allerlei historische Anekdoten, zum Beispiel, warum die Schwabsburger ihr Essen vorm Verspachteln durch die Straßen des Weindorfs trugen.

Zunächst geht's vom Niersteiner Bahnhof größtenteils entlang eines schönen Pfades am Flügelsbach zum Start der Audiotour, der Schwabsburg, die über den gleichnamigen Stadtteil wacht. Einst thronte hier wohl eine ganze Schlossanlage. Heute findet man auf dem Plateau nur noch den Schlossturm, errichtet in charakteristischen Quaderblöcken.

Über den Burgweg begibt man sich zur zweiten Station in die Hauptstraße 54, wo man auf eine klassische Hofanlage stößt, wie es sie in vielen Dörfern Rheinhessens gibt. Besonders an diesem Exemplar ist, dass seit dem Bau kaum Veränderungen vorgenommen wurden. Ob Tor, Kelterhaus oder Scheune – das meiste ist aus dem 18. Jahrhundert erhalten.

Rund 200 Meter weiter erinnert ein Eckhaus an jene Zeit, als die meisten Menschen noch keinen eigenen Herd im Haus hatten und mit ihren Töpfen und Pfannen durch die Dorfgassen zum Backhaus gingen, um das angesetzte Essen dort fertig zu backen.

Nach drei weiteren Geschichtsexkursionen kommt man vor der Heimreise natürlich kaum am Niersteiner Marktplatz vorbei, auf dem gleich eine Reihe gemütlicher Lokale zum Ge-

nießen einlädt. Ein besonderes Schmankerl ist das Café Erni und Lilli (www.erni-und-illi.de). Hier lässt es sich wunderbar über längst vergangene Zeiten sinnieren – bei selbstgebackenen Kuchen nach Lieblingsrezept der Großeltern in historischer Kulisse.

FAZIT: KLEINE GESCHICHTSEXKURSION, GEWÜRZT MIT NATUR UND GENUSS – DAS PERFEKTE SONNTAGSPROGRAMM FÜR AUSSCHLÄFER.

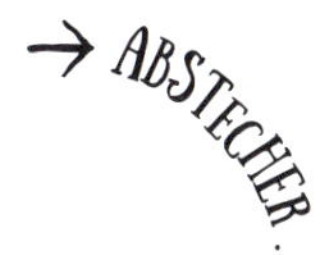

TANZ DER STARE

#14

Für eine Stunde Herbstsonne tanken und bei einem panoramareichen Spaziergang die Batterien aufladen. Dafür begibt man sich am besten nach Klein-Winternheim. Und mit viel Glück wird man Zeuge eines faszinierenden Naturschauspiels.

#Panoramaweg #Schaukelpartie #ShoweinlageamHimmel

Neben fantastischen Aussichten entdeckt man auf dem Panoramaweg historische Relikte des Weinanbaus, wie die Pflüge, mit denen der Boden für die Pflanzungen vorbereitet wurde.

Wie eine tiefschwarze Wolke zieht der riesige Schwarm über Klein-Winternheim hinweg. In einer anmutigen Formation sammeln sich die unzähligen Stare, um Angreifer zu verwirren. Das Fliegen in der Gruppe bietet den Vögeln Schutz – und für alle Zuschauenden ein eindrucksvolles Spektakel am Himmel. Gute Chancen, den Tanz der Stare einmal live mitzuerleben, hat man, wenn der Herbst Einzug in Rheinhessen hält: Und zwar an einem Ort wie dem Panoramaweg in Klein-Winternheim (www.klein-winternheim.de > Freizeit & Kultur > Panoramaweg), der weite Blicke verspricht. Dieser ist übrigens auch ohne das Naturschauspiel der Starenschwärme einen Ausflug wert.

Los geht's in der Nähe des Friedhofes in Klein-Winternheim. Am Wegesrand der knapp vier Kilometer langen Rundtour entdeckt man immer mal wieder Relikte des Weinanbaus und spaziert an einer Mariengrotte vorbei. Außerdem locken nette Sitzmöglichkeiten, um eine Dosis Vitamin D zu tanken. Die schönste unter den Rastmöglichkeiten ist natürlich die

Wingertsschaukel gleich zu Beginn der Runde. Wer sich die Schaukelpartie für den krönenden Abschluss aufheben möchte, läuft den Panoramaweg einfach in anderer Richtung. Also vom Startpunkt die Kreuzstraße weiter geradeaus und an Michels Hof vorbei.

Hin & weg: Mit Bus 652 aus der Richtung Mainz oder Oppenheim bis Klein-Winternheim, Quellborn. Zwischen Mainz und Alzey verkehrt der Zug RE13/RB31 mit Halt in Klein-Winternheim, Bahnhof. Von hier ist es knapp 1 km bis zum Start des Panoramaweges.

Beste Zeit: An einem sonnigen Oktobertag. Stare kann man von Ende August-Ende Oktober und dann wieder im März und April beobachten. Die besten Chancen hat man am frühen Morgen und am Abend vor dem Sonnenuntergang.

Dauer & Strecke: 1 Std. reine Gehzeit für 3,8 km.

Ausrüstung: Bequeme Schuhe, Fernglas.

Ganz gleich, welche Richtung man wählt, es geht auf teils befestigten, teils schönen Graswegen durch die Weinlandschaft mit sagenhaften Aussichten über die malerischen Hügel. Ein besonders idyllischer Abschnitt des Panoramaweges wird vom Haybach begleitet. Auch die Quelle des Bachs, der sich auf 3,2 Kilometern bis nach Nieder-Olm schlängelt, wo er in die Selz mündet, passiert man auf der Tour.

Wer sich im Anschluss aufwärmen möchte, dem sei das Ristorante Pizzeria Bella Vista auf der Pariser Straße, einen halben Kilometer vom Friedhof entfernt, empfohlen.

FAZIT: GUT FÜRS GEMÜT UND – MIT GLÜCK – MIT DER AUSSICHT AUF EIN FULMINANTES HIMMELSSPEKTAKEL.

IM TAL DER STILLE

Manchmal genügt schon eine kleine Runde an der frischen Luft, um den Alltagsstress abzuschütteln. Ein Spaziergang an der Selz zum Krafttanken und um den Gedanken freien Lauf zu lassen.

#SelztalRunde #Eulenmühle #zumRunterkommen

Von Großwinternheim geht es auf verwunschenen Pfaden entlang der Selz.

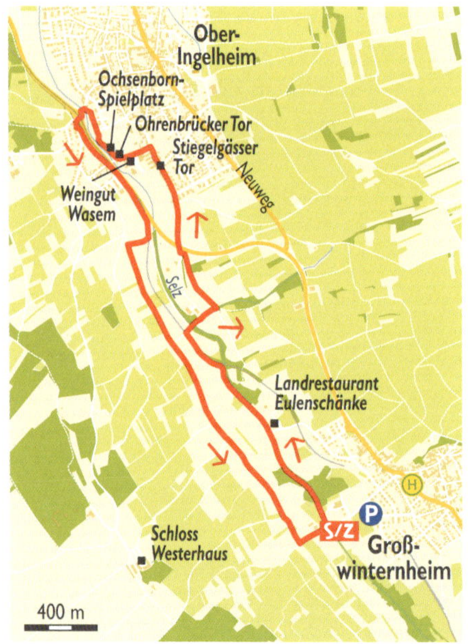

Zwischen Westerberg und Mainzer Berg verläuft diese 6,3 Kilometer lange entspannte Runde, die Ruhesuchende weite Teile entlang der Selz führt. In der Nähe des Sportplatzes in Großwinternheim taucht man nach nur wenigen Schritten ein in die Natur.

Die Selz überquerend, orientiert man sich von nun an dem blau-weißen Schild »Selztal Runde«. Der Pfad führt zunächst durch ein kleines Wäldchen und an Koppeln vorbei, begleitet von dem friedlich plätschernden Gewässer, bis man nach etwa 800 Metern die Eulenmühle erreicht.

Inmitten des idyllischen Selztals verbergen sich hinter den mehr als 300 Jahre alten Mauern der einstigen Wassermühle (www.eulenmuehle.de) heute ein Reiterhof, Gästezimmer

Neben Koppeln und Feldern passiert man auch Ober-Ingelheim mit dem Stiegelgässer Tor, einst Teil der Ortsbefestigung.

und ein Landrestaurant. In der Eulenschänke (www.eulenschaenke.com) lässt sich die Eskapade mit dem Genießen gutbürgerlicher Küche mit polnischem Touch verbinden. Wer die Selztal-Runde mit einem Essen im Landrestaurant ausklingen lassen möchte, spaziert die Tour einfach in entgegengesetzter Richtung.

Der Weg führt weiter an Pferdeweiden vorbei und über eine Brücke auf die andere Seite der Selz wechselnd bis nach Ober-Ingelheim. Danach spaziert man am Stiegelgässer Tor vorbei, das einst Teil der Ortsbefestigung war und biegt links in die Edelgasse ein, das Weingut Wasem passierend. Rechts halten und unter dem gotischen Bogen des Ohrenbrücker Tors hindurchgehen.

Nochmals nach rechts verläuft die Selztal Runde nun durch den Ochsenborn-Spielplatz, einem parkähnlich angelegten und weitläufigen Freizeitgelände. Beim Kreisel an der Altegasse wendet man sich Richtung Westerhausstraße. Es folgt ein asphaltierter, weniger idyllischer Abschnitt. Diesen lässt man kurz drauf hinter sich und befindet sich schon wieder inmitten des saftig, grünen Selztals.

Die letzte Strecke führt durch Felder und Streuobstwiesen. Rechter Hand das malerische Schloss Westerberg auf dem Berg thronend, links die Selz, geht's bis zum Startpunkt nach Großwinternheim.

FAZIT: GEMÜTLICHE FEIERABENDRUNDE, DIE MAN MIT EINER EINKEHR IN DER EULENSCHÄNKE AUSDEHNEN KANN.

Hin & weg: Vom Bahnhof Ingelheim mit Bus 640 oder 643 bis Großwinternheim, Schlossbergstr.

Beste Zeit: Zu jeder Jahreszeit, besonders herrlich im Herbst. Für die Einkehr in der Eulenschänke im Vorfeld die Öffnungszeiten checken.

Dauer & Strecke: 1,5 Std. für 6,3 km.

Ausrüstung: Bequeme Schuhe.

Nimm Dir
Zeit für eine kleine
Pause um den
Augenblick zu genießen

EIN GARTEN FÜR ALLE

Barfuß über Kronkorken spazieren, Baumarten enträtseln oder den Sieger bei einem Tischtennis-Match küren. Der Pfrimmgarten in Monsheim ist ein Ort für Groß und Klein, in dem es sich hervorragend chillen und die Natur mit allen Sinnen erleben lässt.

#Mehrgenerationenpark #Barfußpfad #Pingpong #PlatzzumToben

Ein gelborangenes Blatt segelt von der Kirschpflaume, Lavendelzweige wiegen im Herbstwind, und im Hintergrund bahnt sich die Pfrimm, ein Nebenfluss des Rheins, ihren Weg durch Monsheim. Zwischen diesem Ortsteil und Kriegsheim befindet sich der liebevoll angelegte Pfrimmgarten, ein Mehrgenerationenprojekt, das alle Altersklassen anlockt. Ein kleiner, aber feiner Naturlehrpfad verläuft entlang einiger Schautafeln, die Wissenswertes über Bäume, Totholz und Insekten erzählen. Inmitten der Beete leuchten bunt bemalte Steine und Tafeln mit Sinnsprüchen, und Tischtennisplatten laden ein zu einer Runde Rundlauf an der frischen Luft.

Highlight des Parks ist der großzügige Barfußpfad, bei dem sich die Füße über eine wohltuende Massage freuen dürfen. Das achtsame Laufen über die verschiedenen Untergründe trainiert die Muskulatur und regt die Durchblutung und den Stoffwechsel an. Wer mag, spaziert mit geschlossenen Augen über die Anlage und versucht zu erraten, welche Naturmaterialien da an den Sohlen kitzeln.

Herzstück des Mehrgenerationenparks ist der Barfußpfad. Aber auch abseits des Weges aus verschiedenen Bodenmaterialien gibt's viel zu entdecken.

»Nimm dir Zeit für eine kleine Pause, um den Augenblick zu genießen« steht auf einer grünen Tafel, und auch dafür ist der Pfrimmgarten ein herrliches Fleckchen. Neben mehreren Picknickbänken kann man auf Wanderliegen die Beine hochlegen, und die weitläufigen Wiesen sind nicht nur zum Kicken oder Fangenspielen da, sondern auch wunderbar, um die Picknickdecke auszubreiten.

Wem es nach einem besonderen Schmankerl gelüstet, der findet etwa einen Kilometer vom Park entfernt im historischen Bahnhofsgebäude das Monsheimer Kuchenparadies. Das Café Noisette (www.cafe-noisette.eatbu.com) ist für wunderbar saftigen Mohnkuchen bekannt, genauso wie für einen Langschläferbrunch, der keine Wünsche offen lässt, sowie für allerlei vegane Köstlichkeiten. Unbedingt vorbeischauen!

FAZIT: GELUNGENER AUSFLUG FÜR KLEINE UND GROSSE ENTDECKER. ERST SPIELEN UND ERLEBEN, DANN BRUNCHEN – ODER UMGEKEHRT.

Hin & weg: Vom Monsheimer Bahnhof sind es ca. 10 Fußminuten bis zum Pfrimmgarten in der Straße An den Mühlen.

Beste Zeit: Ganzjährig. Hebt die Laune an einem tristen Novembertag.

Dauer: Ab 1 Std.

Ausrüstung: Picknickproviant, Tischtennisschläger, Geld für Kuchen.

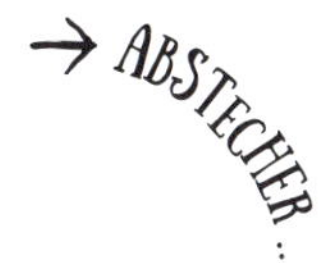

HELDEN-HAFT

#17

Man nehme eine Prise Historie, würze sie mit Wegen durch Wein und Feld und gebe am Ende einen fantastischen Weitblick hinzu: Fertig ist sie, die Miniwanderung zu einem Alzeyer Wahrzeichen mit Heldencharakter.

#RetterderStadt #Wartbergturm #hochhinauf #Winterwandern

»Retter der Stadt« lautet der Spitzname des Wartbergturms. Er soll die Alzeyer Innenstadt während des Zweiten Weltkrieges größtenteils von Angriffen verschont haben.

Knapp 30 Meter ragt der Wartbergturm gen Himmel und bietet – wie bei einem vertikal ausgerichteten Bauwerk zu erwarten – eine sagenhafte Aussicht in alle Himmelsrichtungen. Einst diente der Turm aus dem frühen

---

Hin & weg: Der Alzeyer Bahnhof ist gut von Worms, Bingen und Mainz erreichbar. Von hier spaziert man etwa 1,6 km durch die Altstadt bis zum Wartbergbad. Ab da sind es 1,2 km zum Turm; der Weg ist ausgeschildert. Etwas näher zum Wartbergbad (10 Gehminuten) liegt der Bahnhof Alzey-West. Die Strecke vom Hauptbahnhof ist aber definitiv malerischer.

Beste Zeit: An einem frostigen Wintertag.

Dauer & Strecke: 1,5 Std. für Miniwanderung (insg. 2,4 km Hin- und Rückweg) und Aufstieg.

Ausrüstung: Bequeme Schuhe, Fernglas und Taschenlampe (an einigen Stellen der Wendeltreppe ist es recht düster).

---

115 Stufen führen hinauf auf die Aussichtsplattform in knapp 30 Metern Höhe.

15. Jahrhundert als Beobachtungsposten, um heranpirschende Feinde schnell erspähen zu können. In den folgenden Jahrhunderten wurde die »Warte« mehrmals zerstört und wieder aufgebaut und ist heute ein beliebtes Ausflugsziel im Speckgürtel von Alzey.

Zuletzt wurde der Wartbergturm bei einem Bombenangriff während des Zweiten Weltkrieges stark beschädigt. Man vermutet, dass das eigentliche Ziel die Alzeyer Innenstadt gewesen sein soll und die US-Luftwaffe aufgrund schlechter Sicht die Turmspitze am Nordosthang des Wartbergs mit der Nikoleikirche in der Altstadt verwechselte. So blieb Alzey größtenteils von Angriffen verschont. Diesen Umstand brachte dem Wartbergturm, der 1989 wieder aufgebaut wurde, den Spitznamen Retter der Stadt ein.

Um eine Dosis des Heldenepos zu schnuppern und die Ikone aus nächster Nähe in Augenschein zu nehmen, begibt man sich am besten auf eine kleine Wanderung. Start ist das Wartbergbad am Nordrand der Stadt. Von hier folgt man der gelb-schwarzen Beschilderung mit dem markanten Türmchen gemächlich bergauf, bis hinter den Reben und den Feldern die schwarze Spitze hervorlugt.

Nun geht's die letzten Meter bergauf, bevor man andächtig das steinerne Bauwerk hinaufschaut. Nochmal kurz durchatmen. Dann wollen noch die letzten Meter bis zur Aussichtsplattform erklommen werden. 115 gemauerte Stufen führen die Wendeltreppe empor. Oben angekommen, wird man mit einem 360-Grad-Panorama über die Dächer Alzeys bis hin zum Petersberg (Eskapade #28) und dem Donnersberg in der Nordpfalz belohnt. An besonders klaren Tagen erspäht man sogar die Skyline von Frankfurt.

Genug gestaunt, kraxelt man die Treppe wieder hinab und spaziert gemütlich auf selber Strecke sanft bergab zurück bis zum Wartbergbad.

FAZIT: DER PERFEKTE ABSTECHER, UM IN DER NATUR ZU VERSINKEN UND DEN GEDANKEN FREIEN LAUF ZU LASSEN – EIN WINTERVERGNÜGEN IN LUFTIGEN HÖHEN.

IM SCHATTEN DER NACHT

Wenn sich die Dämmerung über die Hügel Rheinhessens legt, zieht man bei dieser Tour mit Taschenlampen ausgestattet los, um die Region auf eine ganze neue Weise kennenzulernen. Eine Nachtwanderung durch weihnachtliche Gassen und Weinberge – mit Gänsehaut-Garantie.

#Nachtwanderung #Kellerweg #Gruselkabinett

Bevor man in die Dunkelheit eintaucht, spaziert man durch den gut beleuchteten Kellerweg.

In Guntersblum am Sportplatz beginnt das kleine nächtliche Abenteuer. Von hier schlägt man den Weg über die Straße Im Himmeltal Richtung Kellerweg ein, wo jedes Jahr im August das legendäre Kellerweg-Fest (kellerweg-fest-guntersblum.de) gefeiert wird. Spaziert man zur Weihnachtszeit durch die Gasse mit ihren charakteristischen Weinkellern, kann man sich an der festlichen Beleuchtung und den vielen Lichtern erfreuen.

Am Ende der Straße, kurz vor dem Jüdischen Friedhof, geht man links ein Stück des Hohlweges hinauf und wendet sich kurz darauf erneut nach links Richtung Weinlehrpfad. Sollte das Tor zum Pfad aufgrund von Astbruchgefahr gesperrt sein, spaziert man weiter den Hohlweg hinauf und läuft am Ende des Pfades am Weinberg entlang. Nach insgesamt 2,5 Kilometern begibt man sich nach links, sodass man sich wieder auf der eigentlichen Route befindet.

Im Schein der Taschenlampe ist zu erkennen, dass einige der Abschnitte auf dem Rheinterrassenweg und dem Vögelsgärten-Rundweg verlaufen und bis nach Hangen-Wahlheim füh-

---

Hin & weg: Zwischen Worms und Mainz hält die S6 am Bahnhof Guntersblum. Von hier ist es 1 km bis zum Start der Wanderung.

Beste Zeit: Von November–Ende März. Besonders reizvoll in einer sternenklaren Vollmondnacht oder zur Weihnachtszeit, wenn der Kellerweg in Guntersblum festlich geschmückt ist.

Dauer & Strecke: Ca. 1,5–2 Std. reine Gehzeit für 6 km.

Ausrüstung: Taschenlampe oder Fackel, warme Kleidung, Thermoskanne mit Tee oder Punsch.

Durch die Weinberge verläuft der Weg bis zur Ruine der Pfarrkirche St. Maria Magdalena.

ren. Bekannt ist die beschauliche Wohnsiedlung, die zu Alsheim gehört, durch die frühere Pfarrkirche St. Maria Magdalena. Natürlich darf bei der Nachtwanderung ein Abstecher zu der Ruine mit dem angrenzenden Friedhof nicht fehlen. Das Licht der Taschenlampe wirft lange Schatten auf die Grabsteine und bei den Überresten des spätgotischen Gotteshauses flattert eine Schar Vögel auf. Dann legt sich wieder friedliche Stille über die mystische Szenerie.

Genug gegruselt, folgt man derselben Strecke ein Stück zurück, bevor man den Weg nach rechts einschlägt und den letzten Kilometer zurück zum Startpunkt der Tour in Guntersblum spaziert.

Tipps für Nachtwanderungen:

- Gerade bei den ersten nächtlichen Expeditionen ist es ratsam, eine Begleitung zu haben.
- Leise verhalten, um keine Tiere zu stören.
- Darauf achten, dass Handy-Akku und Taschenlampe voll aufgeladen sind.
- Nachts kann der Orientierungssinn einem schon mal ein Schnippchen schlagen. Also unbedingt mit GPS-Gerät auf den Weg machen.

FAZIT: LEICHTE TOUR AUF GUT BEGEHBAREN WEGEN MIT EINER ORDENTLICHEN DOSIS NERVENKITZEL.

ANBADEN FÜR HARTE

… am Silbersee in Bobenheim-Roxheim

Zwischen all den herrlichen Weinbergen Rheinhessens ist eines leider rar: Seenlandschaften. Unweit von Worms wartet jedoch ein idyllisches Fleckchen mit Natur in flüssiger Form. Wie gemacht für einen Winterspaziergang am Wasser. Oder für ganz Mutige – zum Anbaden!

#frostigesBadevergnügen #Winterspaziergang #heißeSchokolade&Apfelkuchen

Ob der See seinen Namen hat, weil er an einem tristen Wintertag so silbrig schimmert, bleibt Spekulation.

Etwa acht Kilometer Luftlinie von der Wormser Innenstadt entfernt, im beschaulichen Bobenheim-Roxheim, liegt der Silbersee friedlich am Ortsrand der Gemeinde. Mit einer Größe von 112 Hektar erstreckt sich der Baggersee rund drei Kilometer westlich des Rheins. Im nördlichen Teil befindet sich die Insel Scharrau. Allerdings wird das Miniatur-Eiland nicht vollständig von Wasser umgeben, sodass es sich genau genommen um eine Halbinsel handelt.

Ein weitläufiger Strandabschnitt entlang des Silbersees zieht im Sommer Badenixen und Sonnenanbeter an, und sogar im Winter sieht man hin und wieder hartgesottene Schwimmerinnen und Schwimmer, denn das Seeufer ist zu jeder Jahreszeit frei zugänglich.

Der Silbersee liegt unweit von Worms und ist besonders im Winter ein prima Ort zum Durchatmen.

Na, wer traut sich und taucht zumindest die Zehen ins frostige Wasser? Oder eröffnet gar die Badesaison, wie es an den deutschen Küsten Tradition ist? Beim Anbaden im eisigen Nass soll der Kreislauf angekurbelt und das Immunsystem gestärkt werden. Für Menschen mit Herz-Kreislauf-Problemen ist von einer Runde Schwimmen im Winter allerdings abzuraten. Auch für alle anderen gilt: Um einen Kälteschock zu vermeiden, sollte man sich nicht einfach ins Wasser stürzen, sondern langsam hineinwaten.

Wen der Blick auf den eiskalten See bereits mit den Zähnen klappern lässt, genießt die Winterschlaf haltende Natur im Trockenen. Herrliche Pfade laden zu Spaziergängen in dem Naturschutzgebiet ein. Ein schöner Rundweg führt auf knapp sechs Kilometern um den Roxheimer Altrhein. Los geht's am Strand des Silbersees. Das Flüsschen Isenach überquerend, wartet schon bald eine besonders schöne Etappe entlang des Altrheinpfads über den Damm.

Hin & weg: Mit der Bahn (S6) bis zum Bahnhof Bobenheim-Roxheim und weiter mit Bus 463 bis zur Haltestelle Silbersee.

Beste Zeit: Im Winter. Vertreibt sogar an einem kalten und tristen Januartag den Winterblues.

Dauer & Strecke: Ca. 1,5 Std. für knapp 6 km. Plus nochmal die gleiche Zeit fürs Schwimmen und Kaffee und Kuchen.

Ausrüstung: Geld für die Einkehr und evtl. Handtuch und Badesachen fürs Anbaden.

Hartgesottene packen Badesachen und Handtuch ein, um sich am Strand des Sees im Anbaden zu versuchen. Aber auch für einen Spaziergang lohnt der Weg nach Bobenheim-Roxheim.

Sowohl zur Linken als auch zur Rechten von Wasser umgeben, spaziert es sich ganz wunderbar. Das hohe Schilfrohr wiegt sacht im leichten Wind und auf dem See gleitet ein Kanadagänse-Paar über die Wasseroberfläche. Die schwarz-grau gefiederten Vögel mit dem prägnanten weißen Kinnband sind die größten Wildgänse Europas. Im Sommerhalbjahr flüchten sie gerne in kältere Gebiete wie Skandinavien. Jetzt im Winter fühlen sie sich in Deutschland wohl.

Nicht nur den Kanadagänsen gefällt das Naherholungsgebiet. Seit seiner Renaturierung dient der Silbersee als Lebensraum zahlreicher Tiere. Sogar die einst in Rheinland-Pfalz ausgestorbene Europäische Sumpfschildkröte wurde vor einigen Jahren erfolgreich wieder angesiedelt. Der Weg führt erneut über die Isenach, kurz darauf biegt man zweimal nach links ab. Es folgt ein urbaner Abschnitt, dem Wasser dennoch nah.

An warmen Tagen lädt die Terrasse des Restaurants Seestube (www.seehotelbader.de) zum Verweilen ein. Im Winter kann man sich wunderbar bei einer Tasse heißer Schokolade und einem Stück Apfelkuchen im Gastraum aufwärmen, bevor man den Spaziergang bis zum Startpunkt am Sandstrand fortsetzt.

FAZIT: KURZER UND KNACKIGER WINTERABSTECHER MIT DER AUSSICHT AUF HEIẞE SCHOKOLADE UND EIN EISIGES BADEVERGNÜGEN.

Strandpfad der Sinne
Start bei Station 1
Strandpfad der Sinne

WINTERTAG AM STRAND

#20

Inmitten der Rheinhessischen Schweiz lädt der Strandpfad der Sinne zur Zeitreise ein und bringt Ausflüglern die Vegetation und Geschichte der einstigen Küstenregion näher – samt Mini-Wanderung und einer Prise Lost-Place-Feeling.

#StrandpfadderSinne #Zeitreise #lostchurch

Vor Millionen von Jahren war Rheinhessen von einem subtropischen Meer überflutet.

»Komm, wir fahren mal eben an den Strand!« Wie bitte? An den Strand? Mal eben? In Rheinhessen? Bevor man nun eine Landkarte zückt, um den Vorschlag mit geografischen Argumenten als Unsinn zu entlarven, reisen wir etwa 30 Millionen Jahre zurück. Nämlich in jenes Zeitalter, als die Region von einem subtropischen Meer überflutet war.

Damals drang Meerwasser in das Mainzer Becken und es bildete sich eine Küstenlandschaft samt Inseln. Zahlreiche Meerestiere waren damals in Rheinhessen heimisch, darunter Haie und Rochen, und auch Seekühen gefiel es in der Region.

Nach dem Zurückweichen und erneuten Überfluten innerhalb einiger Millionen Jahre, zog sich das Meer wieder aus dem Mainzer Becken zurück und hinterließ faszinierende Gesteinsformationen, die man noch heute inmitten der Rheinhessischen Schweiz bewundern kann.

In Eckelsheim, auf der ehemaligen Steigerberg-Insel, bietet der Themenweg Strandpfad der Sinne Geologie zum Anfassen. Auf 1,6 Kilometern erfährt man an verschiedenen Stationen Spannendes über die Entwicklungsgeschichte der einstigen Küstenregion. Bevor man sich dem Pfad mit allen Sinnen widmet, wartet gleich zu Beginn noch ein echtes High-

---

Hin & weg: Von Alzey mit Bus 425 bis Eckelsheim, Villa.

Beste Zeit: Geht immer. Besonders ideal, um einem trostlosen Wintertag etwas Farbe zu verleihen.

Dauer & Strecke: 1,5–2 Std für 1,6 km.

Ausrüstung: Festes Schuhwerk.

Ein Themenweg erzählt Informatives über die Entwicklungsgeschichte der einstigen Küstenregion.

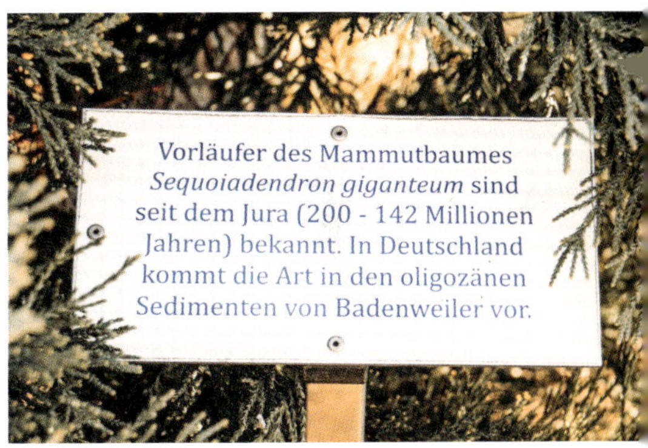

light: Die Beller Kirche, eine Ruine aus der Spätgotik und Wahrzeichen von Eckelsheim. Ein einsamer Stuhl steht verlassen in den alten Mauern und eine Schar krächzender Raben flattert durch die offenen spitzbogigen Fenster, sodass der Szenerie etwas Mystisches anmutet.

Von dem sakralen Lost Place geht's auf geradem Wege Richtung Geowissenschaft zum Start des Strandpfades. Nun laden zehn Stationen ein, sich mit den Zusammenhängen von Umwelt, Vegetation, Kultur und natürlich auch dem Wein auseinanderzusetzen.

Durch die Weinberge spazierend, macht man Halt am Brandungskliff, wo bereits eine Vielzahl an Fossilien gefunden wurden. Haizähne und eine nahezu vollständige Seekuh gibt's im Museum von Alzey zu bestaunen. Und am Strandsand kann man sich mit etwas Fantasie vorstellen, wie einst Wellen an die Rhyolith-Felsen schlugen.

Der Rundweg endet, wo er begonnen hat, an der sagenumwobenen Beller Kirche. Dort stehen schöne Picknickbänke für eine Rast und Geologie-Geplänkel bereit. Alternativ sorgen in weniger als einem Kilometer Entfernung die Weingüter von Eckelsheim für einen entspannten und genussvollen Ausklang.

FAZIT: FÜR HOBBYGEOLOGEN UND LOST-PLACES-FANS – RHEINHESSEN AUS EINER NEUEN PERSPEKTIVE UND MIT ALLEN SINNEN ERLEBEN.

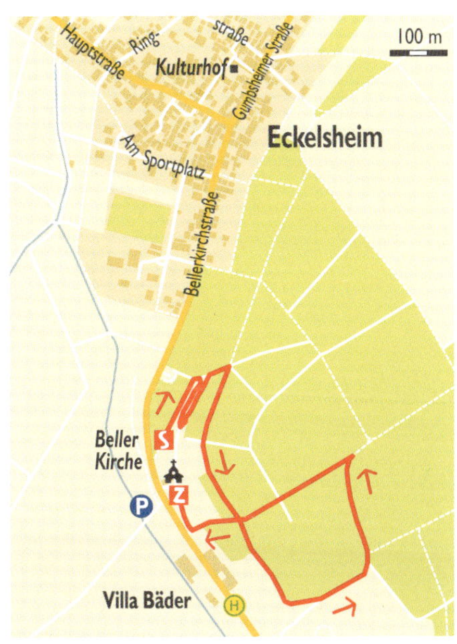

2. KAPITEL AUSFLÜGE

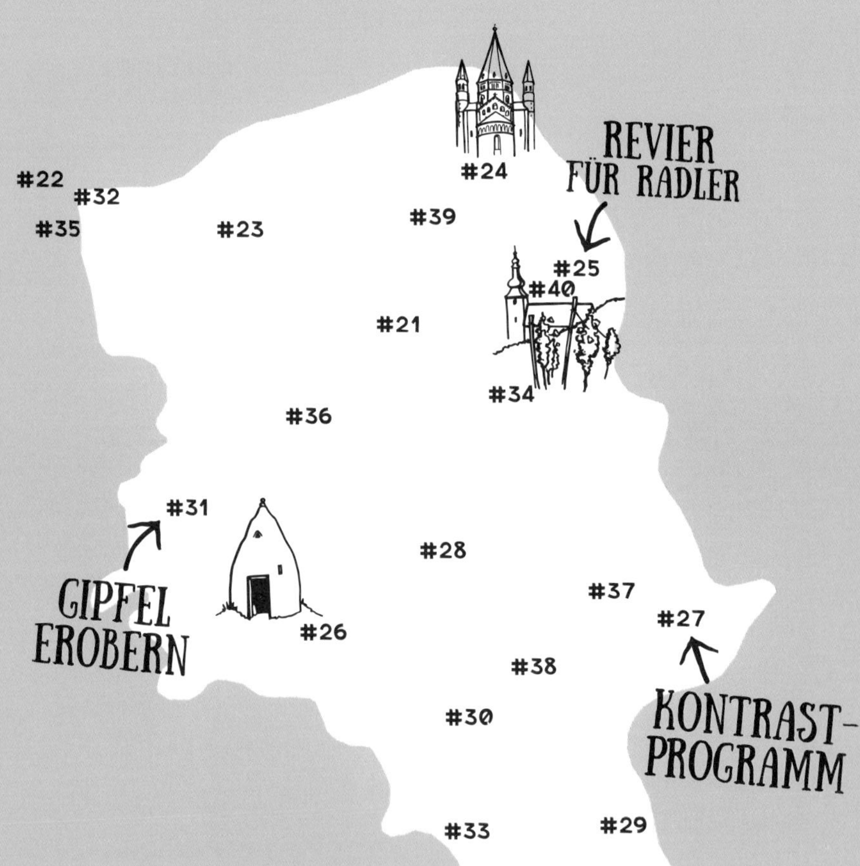

Raus für einen Tag

Auf alten Bahntrassen radeln, die grünen Seiten von Mainz und Worms erkunden und dem Ruf der Wildnis folgen – abwechslungsreiche Erlebnisse für einen Tag.

12H

FRÜHLINGS-ERWACHEN

… in Stadecken-Elsheim

#21

Wandern mit Weitblick, an lauschigen Picknickplätzen rasten und nebenbei beobachten, wie die Natur aus dem Winterschlaf erwacht. Diese Tour ist wie gemacht, um sich auf die Outdoor-saison einzustimmen und den Frühling zu begrüßen.

#HiwweltourStadeckerWarte #vinotogo #alwaysstoptosmelltheflowers

Der Frühlings hält Einzug in Rheinhessen. Oder: Zeit die Wanderschuhe zu schnüren.

Es ist so weit! Der Frühling weckt die Lust, endlich wieder die Wanderschuhe zu schnüren und Ausschau nach den ersten zarten Knospen zu halten. Wie gemacht dafür sind die wunderbar ausgeschilderten Hiwweltouren, die – Kenner der rheinhessischen Mundart werden es ahnen – über die herrlichen Hiwwel (Hügel) der Region führen.

Die zehn Kilometer lange Rundwanderung Stadecker Warte führt durch Deutschlands größtes Weinbaugebiet, verspricht fantastische Aussichten und hat zu jeder Jahreszeit ihren Reiz. Ganz besonders verlockend ist sie aber im Frühling. Denn dann zeigt sich die Natur um Stadecken-Elsheim von ihrer blühenden Seite.

Start der Tour ist auf der Oppenheimer Straße in Stadecken-Elsheim, unweit des Alten Friedhofes Heddesheim. Nach wenigen Metern an der Landstraße wandert man schon bald an Weinreben und Pferdekoppeln vorbei. Ein kurzes Stück bergauf verläuft durch ein Laubwäldchen und gibt den Blick auf eine Reihe prächtig blühender Bäume wieder. Eben halten, um zu schnuppern, bevor es an der Magnolie nach rechts geht.

Hinter der Biegung wartet 2,5 Kilometer später der erste schöne Picknickplatz. Generell lohnt es sich, etwas mehr Proviant einzupacken, um die tollen Rastplätze in vollen Zügen zu genießen und lieber einmal mehr ein Päuschen einzulegen. Sehr fein sind auch die Picknickrucksäcke, mit denen man im Weingut Hedesheimer Hof (www.hedesheimer-hof.de) in Stadecken-Elsheim ausgestattet wird.

Zwischen Wiesen und Wein betören blühende Bäume die Ausflügler.

Weiter geht's entlang saftiger Wiesen und Getreidefelder bis zur nächsten Möglichkeit für eine Auszeit. Diese hat sogar ein besonderes Extra. In einer Truhe kann man mittels QR-Codes eine Flasche Wein erwerben und sich auf den Bänken gegenüber ein Gläschen gönnen. Es lohnt also, mit dem ÖVNP nach Stadtecken-Elsheim an- und insbesondere abzureisen.

Nun wandert man beschwingt durch das Rebenmeer und vorbei an der kleinen Schutzhütte Wingertshaus Schindegaul zur Stadecker Warte. Die dortige Picknickbank wird links – bzw. rechts – liegen gelassen, denn nach etwa einem Kilometer erreicht man eine lauschige Pergola. Hier lässt man den Blick über die herrliche Landschaft bis nach Partenheim und Jugenheim schweifen und knabbert an den Köstlichkeiten aus dem Picknickrucksack des Hedesheimer Hofes.

Die Plätze unter der Pergola sind bereits belegt? Kein Problem. Denn um die Ecke lädt ein Pavillon im Weinberg dazu ein, die Füße auf den Wanderliegen hochzulegen und in der sagenhaften Aussicht zu schwelgen.

Hat man sich gelöst, wartet die letzte Etappe zurück nach Stadecken-Elsheim. Vom Pfad entlang des Saulbachs bietet sich noch ein Abstecher zu den Selztal Lamas an, die einen Katzensprung von der eigentlichen Route Auf der Sandkaut leben. Besuche am Stall der knuffigen Vierbeiner können online unter www.selztal-lamas.de gebucht werden.

FAZIT: GEMÜTLICHE GENIEßERTOUR MIT WEIN TO GO UND LAMAS ENTLANG DES WEGES.

Hin & weg: Von Mainz/Ingelheim mit Bus 75 oder mit Bus 650 von Mainz/Sprendlingen bis Stadecken-Eslheim, Ehrensäule.

Beste Zeit: Im Frühling. Wenn's um Stadecken-Elsheim grünt und blüht.

Dauer & Strecke: Ca. 4–4,5 Std. für 10 km samt ausgedehnten Pausen und Besuch der Selztal Lamas.

Ausrüstung: Festes Schuhwerk und Proviant.

RHEIN-ROMANTIK UND ZAUBERWALD

... im Morgenbachtal

#22

Jeden Meter sollte man bei dieser Tour auskosten. Denn nach dem Streifzug durch verwunschene Bachtäler, Klettereinheiten an schroffen Felsen und zauberhaften Burgpanoramen setzt fast schon Wehmut ein, erreicht man nach zwölf Kilometern das Ziel. Und wann geht's das nächste Mal ins Morgenbachtal?

#Rheintal #Morgenbachliebe #Murmelbahn&Hängebrücke

Das mit seinen Burgen und Schlössern geprägte Obere Mittelrheintal zählt zum UNESCO-Welterbe.

Man mag aus dem Staunen gar nicht mehr rauskommen bei all den Überraschungen auf dieser Rundtour nahe Trechtingshausen. Von allem ist etwas dabei – romantische Waldabschnitte, bizarre Felslandschaften und majestätische Burgen, die sich ins malerische Rheintal schmiegen. Von Walderlebnispfad und Klamm noch gar nicht angefangen.

Start der zwölf Kilometer langen Tagestour ist am Forsthaus Jägerhaus bei Waldalgesheim. Alternativ geht's mit dem ÖPNV bis Trechtingshausen und von da aus zu einem kleinen Weg unweit der Burg Reichenstein.

Vom Wanderparkplatz am Jägerhaus läuft man zunächst über einen Wiesenpfad hinab zur Steckeschlääferklamm. Links folgt man nun der Beschilderung Soonwaldsteig und Rheinburgenweg. Die Klamm wird später der krönende Abschluss sein, erst einmal lockt aber eine herrliche Etappe durch das zauberhafte Morgenbachtal.

Mal fließt der Bach ganz nah, mal weit unten in tiefer Schlucht. Im Sommer verführt das kühle Nass dazu, die Zehen einzutauchen. Eine besonders idyllische Stelle für eine Kneipp-Pause wartet nach etwa drei Kilometern.

Entlang des Weges lockt die Burg Rheinstein zu einem Abstecher.

Dann wandert man an imposanten roten Felsformationen vorbei, nimmt hinter einem urigen Haus in der Schlucht die steinernen Stufen hinauf und verlässt den Morgenbach.

Es folgt ein kurzer, abenteuerreicher Steig auf dem steilen Eselspfad. Hier ist Trittsicherheit gefordert. Seile an den Felswänden helfen bei der Überwindung des Abschnittes. Kurz darauf wartet die erste Rastmöglichkeit mit sagenhaftem Blick auf die Burg Reichenstein und das Rheintal.

Bald folgt schon der nächste Augenschmaus: Die Burg Rheinstein (www.burg-rheinstein.de), mehrfach zu einer der schönsten Burgen Deutschlands gekürt. Neben dem idyllischen Burgundergarten kann man gegen Eintritt die prachtvollen Räumlichkeiten erkunden. Vor allem der Rittersaal macht einiges her. Das hauseigene Restaurant Kleiner Weinprinz überzeugt zudem mit frischen Salaten, Flammkuchen oder hausgemachten Kuchen.

Nur 15 Minuten Fußmarsch entfernt verführt das Schweizerhaus (schweizerhaus-am-rhein.de) zu einer erneuten Rast. In dem Biergarten mit traumhafter Aussicht bis nach Bingen und zur Burg Klopp, darf man es sich mit eigener Verpflegung gemütlich machen. Getränke aber bitte in der Waldgaststätte ordern.

Weiter durch die eindrucksvolle Landschaft des Oberen Mittelrheintals wandernd, die zum UNESCO-Welterbe zählt, wartet der Aussichtspunkt Damianskopf mit einem spektakulären Weitblick. Kurz darauf geht's raus aus dem schönen Rheintal Richtung Forsthaus

---

Hin & weg: Wanderer, die mit dem ÖPNV unterwegs sind, starten die Tour in Trechtingshausen auf einem Weg an der Burg Reichenstein. Von Mainz fahren RE2 und RB26 über Ingelheim, Gau-Algesheim und Hauptbahnhof Bingen nach Trechtingshausen. Wer mit dem Auto anreist, fährt über die A61 bis nach Bingen und weiter über die L214 nach Waldalgesheim. Dann biegt man auf die K29 ab und erreicht über die Parkplätze Bodmannstein und Josefsbrunnen den Wanderparkplatz am Jägerhaus.

Beste Zeit: Im Frühling besonders schön, aber auch eine prima Sommertour, da größtenteils schattig, und der Morgenbach verschafft Abkühlung.

Dauer & Strecke: 4–4,5 Std. reine Gehzeit für 11,9 km.

Ausrüstung: Festes Schuhwerk, Proviant und Wasserflasche, evtl. kleines Handtuch für die Kneipp-Pause.

Das Morgenbachtal ist bekannt für seinen wild plätschernden Bachlauf und seine Waldgeister. Mehr als 65 sind um die Steckeschlääfer-Klamm versteckt.

Heiligkreuz. Nun folgt man einer Etappe des Erlebnispfades Binger Wald, der besonders für Kinder jede Menge zum Entdecken bietet, etwa eine Mega-Holzmurmelbahn, einen Waldsteg und die wunderbar schaukelige Hängebrücke.

Zum Schluss versetzt einen noch die Steckeschlääferklamm in Staunen. 15 kleine Brücken führen hier über den Hasselbach und es haben sich mehr als 65 Waldgeister rund um die Klamm an Bäumen und Wurzeln versteckt.

FAZIT: LÄSST KEINE WÜNSCHE OFFEN. EINE TOUR, DIE MAN AM LIEBSTEN AM NÄCHSTEN TAG GLEICH NOCHMAL MACHEN MÖCHTE.

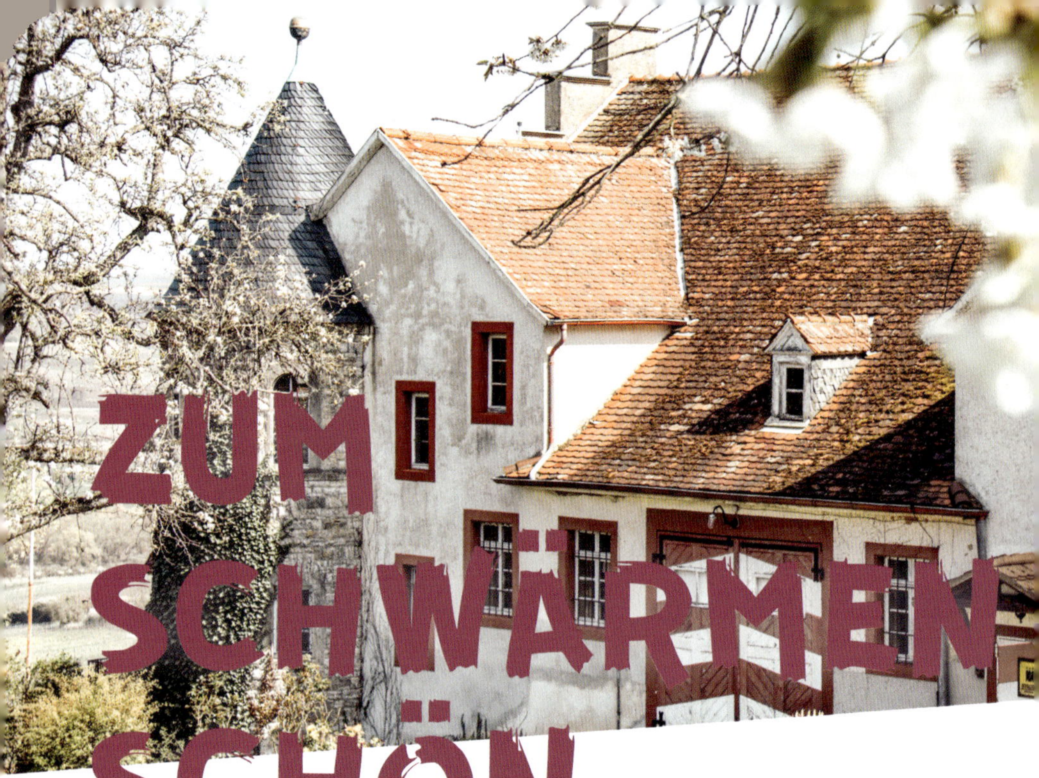

ZUM SCHWÄRMEN SCHÖN

... rund um Ingelheim

#23

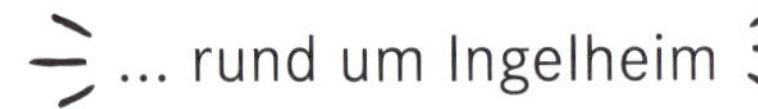

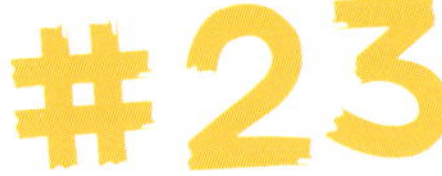

Abwechslungsreich offenbart diese Tour die Crème de la Crème an Naturhighlights und Sehenswürdigkeiten rund um Ingelheim. Vorbei an Burg, Schloss und Aussichtsturm samt verwunschener Pfade und Wege mit Weitblick. Eine Rundwanderung mit Wow-Effekt.

Ein Hohlweg schlängelt sich zum Bismarckturm hinauf.

Gar nicht mehr aus dem Schwärmen heraus kommt man bei dieser facettenreichen Rundwanderung, die entlang zahlreicher Highlights in und um die Rotweinstadt Ingelheim führt. Dabei gibt's alle drei Kilometer eine neue Sehenswürdigkeit in Form von historischen Bauwerken und malerischen Weindörfern zu bestaunen. Dazwischen wandert man auf malerischen Pfaden – mal urig und wild, dann wieder als offener Höhenweg mit Panoramablick bis in den Rheingau.

Startschuss der 12,4 Kilometer langen Route fällt in Ingelheim. Das GPS-Gerät und das Smartphone für die Navigation können im Rucksack bleiben. Denn zur Orientierung

Neben Koppeln und Weinbergen passiert man auch die von Fachwerkhäusern geprägten Gassen von Ober-Ingelheim – eine Rundwanderung, die nicht mit ihren Reizen geizt.

folgt man einfach der Beschilderung Ingelheimer Auslese. Vom Bahnhof sind es etwa 20 Fußminuten bis zum Beginn der Tour am

Marktplatz. An sonnigen, warmen Tagen verführt hier das Eiscafé La Gondola (www.lagondola-ingelheim.com) zu einer süßen Stärkung. Mit einer Waffel samt einer großen Kugel Pistazie spaziert es sich nochmal schöner durch die so hübschen Gassen von Ingelheim.

Hinter dem Kreisel in der Nähe des Spielplatzes Am Ochsenborn ist das letzte Stück Waffel verdrückt, und das urbane Leben liegt hinter einem. Vorbei an Koppeln wandernd, folgt sogleich die steilste Etappe, die aber ebenso außergewöhnlich ist: ein alter Hohlweg. Zwischen eindrucksvollen Wurzeln schmücken zarte Blüten die Hänge. Da nimmt man die etwa 100 Höhenmeter gerne schnaufend auf sich.

Blumige Details schmücken das Tor am Gestüt Westerberg.

Oben, am Fuße des Bismarckturms, belohnt ein sagenhafter Blick auf Ingelheim die kurze Strapaze. Ein noch spektakuläreres Panorama erwartet all jene, die die 111 Stufen des Turms erklimmen. Alternativ genehmigt man sich im Bergrestaurant Waldeck (www.waldeck-ingelheim.de) eine Erfrischung. Im Anschluss geht's über steigungsfreie Wege an Wiesen, Feldern und Pferdekoppeln vorbei zur nächsten Sehenswürdigkeit.

Das Gestüt Westerberg verrät, dass auch das Schloss Westerhaus (www.schloss-westerhaus.de) nicht mehr fern sein kann. Und tatsächlich taucht das herrschaftliche Gebäude schon bald auf, wohlgemerkt das größte Hofgut in ganz Rheinhessen. Hinter den Fassaden mit den burgunderroten Klappläden werden heute Spitzenweine kreiert. Die Tore zum Schloss öffnen sich nur für erlesene Events oder eine vereinbarte Weinprobe. Vor dem Anwesen auf der Wanderliege unter dem Kastanienbaum zu relaxen und vom Leben als Schlossherrin oder Schlossherr zu träumen ist aber auch eine feine Sache.

Genug entspannt? Dann geht's geradewegs bergab durch Großwinternheim. Um das Wallbrunn'scher Palais und den Obentrautscher Hof locken gemütliche Weingüter zur Einkehr, bevor man den Ort an der Erthaler Straße verlässt. Es folgt ein herrlicher Weg durch das Rebenmeer bis zum nächsten Augenschmaus und Ziel der Tour, der historischen Burgkirche in Ingelheim.

FAZIT: UMGEBEN VON HISTORIE UND NATURSCHÖNHEITEN. EINE WANDERUNG MIT DEM POTENZIAL ZUR LIEBLINGSTOUR.

Hin & weg: Vom Ingelheimer Bahnhof sind es etwa 1,5 Kilometer bis zum Start der Wanderung am Ingelheimer Marktplatz.

Beste Zeit: Im Frühling, zum Start in die Eissaison.

Dauer & Strecke: Ca. 5 Std. für 12,4 km inkl. Pausen.

Ausrüstung: Sonnencreme, Kopfbedeckung, Proviant und festes Schuhwerk.

BLOOMY TIMES

... in Mainz

#24

Ein Stadtrundgang durch Mainz der etwas anderen Art erwartet Flaneure bei dieser Tour. Dom und Rhein werden links liegen gelassen. Stattdessen erlebt man genussvoll und mit viel Ruhe blühende Oasen und grüne Kleinode.

#durchParks&Gärten #alwaysstoptosmelltheflowers #Rosenzauber

Im Botanischen Garten leuchten die Rosen mit dem Himmel um die Wette.

Die grüne Seite von Mainz lernt man bei dieser Tour kennen und widmet sich insbesondere Parks und Gärten in der Oberstadt und Bretzenheim. Neben allseits bekannten Lieblingsorten spaziert man auch auf entlegeneren Pfaden. Selbst alteingesessene Mainzer könnten bei diesem zehn Kilometer langen Rundgang hier und da auf noch unbekanntem Terrain wandeln.

Beginnend an der S-Bahn-Station Römisches Theater, ist es nur ein Katzensprung zu einer der schönsten Parkanlagen von Mainz. Der Rosengarten auf dem Gelände des Stadtparks wurde 1925 vom Niersteiner Gartenarchitekten August Waltenberg geplant und im Zuge einer Rosenschau angelegt. In den folgenden Jahrzehnten gestaltete man das Areal immer wieder um. So bietet es heute zauberhafte Leseecken zwischen Natursteinmauern, Skulpturen und etwa 4500 Rosen. Sogar Flamingos und Ziegen begegnet man.

Den Rosengarten am nördlichen Ausgang zur Salvatorstraße verlassend, geht's links Richtung Universitätsmedizin – nicht ohne

Darf bei einem Besuch im Stadtpark nicht fehlen: ein Abstecher zum Flamingoweiher.

einen sehnsüchtigen Blick auf die prachtvollen Altbauten zur Linken zu werfen. Im weiten Bogen und über grüne Pfade umrundet man die Klinikgebäude und erreicht über die Untere Zahlbacher Straße den Hauptfriedhof. 1803 offiziell gegründet, ist die parkähnliche Begräbnisstätte ein bedeutender Teil Stadtgeschichte, deren Wurzeln bis in die Zeit der Gründung von Mainz reichen. Beim Schlendern über die Friedhofswege begegnet man bekannten Namen wie dem des Luftfahrtpioniers Paul Haenlein, der Frauenrechtlerin und Schriftstellerin Ida Gräfin Hahn-Hahn oder des Dichters und Komponisten Peter Cornelius. Unmittelbar an den Hauptfriedhof grenzt der Alte Jüdische Friedhof, der als Teil der jüdischen Kulturstätten der SchUM-Städte (schumstaedte.de) zum UNESCO-Weltkulturerbe zählt.

Hin & weg: Mit der S-Bahn nach Mainz, Römisches Theater. Von hier geht's zu Fuß weiter.

Beste Zeit: Wie gemacht für einen sommerlichen Frühlingstag.

Dauer & Strecke: Mit Pausen 4,5–5 Std. für 10,3 km einplanen.

Ausrüstung: Bequeme Schuhe und Sonnencreme.

Von hier ist man in wenigen Fußminuten im Botanischen Garten (www.botgarten.uni-mainz.de). Auf dem weitläufigen Gelände wachsen etwa 8500 Pflanzenarten aus nahezu allen Teilen der Erde. Es gibt allerhand zu bestaunen und zu beschnuppern, und neben einer Nachbildung der Mainzer-Sandflora, einem Froschteich und einem Sukkulentenhaus entdeckt man Gewächse wie den Lebkuchenbaum und die Silberaprikose.

Später spaziert man gemächlich zurück Richtung Innenstadt. Der Weg führt entlang der Römersteine im Zahlbachtal, Relikte der antiken Wasserversorgung. Zunächst folgt man rechts einem verwunschenen Pfad, bevor der Weg nach links über die Straße Am Wildgraben führt. Am Zahlbacher Steig erklimmt man die Treppe und passiert kurz darauf die Uniklinik.

Am Fichteplatz schlägt man den Weg zum Gautor ein. Dort reihen sich Cafés, Restaurants und kleine Läden aneinander und verführen zu einem kulinarischen Päuschen, bevor man die Kirche St. Stephan mit den be-

Mit einer Eiswaffel in der Hand spaziert es sich nochmal vergnüglicher durch die Landeshauptstadt.

rühmten Chagall-Fenstern ansteuert. Hinter dem gotischen Bau steigt man links die Treppen in die Altstadt hinab und flaniert über den Kirschgarten und die Augustinerstraße zurück zum Start der Tour, dem Römischen Theater.

FAZIT: EIN ALTERNATIVER STADTRUNDGANG IN MAINZ FÜR FLANEURE, GENIEßER UND LIEBHABER BOTANISCHER GÄRTEN.

VON DORF ZU DORF

... auf dem Amiche-Radweg

#25

Auf den Spuren der historischen Eisenbahnstrecke Amiche radelt man bei dieser Rundtour auf weiten Teilen der alten Trassen. Dabei passiert man idyllische Landschaften und historische Weindörfer. Ein Vergnügen mit dem Potenzial zur Lieblingsradtour.

#Amiche&Valentinchen #Rundradtour #RoterHang

Auf dem Amiche-Radweg folgt man auf weiten Teilen einer alten Bahntrasse – und entdeckt hier und da Relikte dieser Zeit entlang des Weges.

Wo einst die Eisenbahn von Alzey nach Bodenheim über die Gleise ratterte, rollt man heute entspannt auf dem Fahrrad über die ehemaligen Bahntrassen. Auf 32,9 Kilometern geht's immer der Beschilderung des Amiche-

---

Hin & weg: Mit der Bahn nach Bodenheim (S6, RB33). Von dort geht's zunächst links auf die Wormser Straße. Danach biegt man rechts in die Rheinstraße ab und fährt weiter durch die Pfarrstraße und die Langgasse. Nun weiter der Gaustraße bergauf folgen und links in den Leidheckenweg abbiegen. Ab hier orientiert man sich an den Hinweisschildern des Amiche-Radweges.

Beste Zeit: Im späten Frühling oder Sommer.

Dauer & Strecke: 2,5–3 Std. reine Fahrtzeit für knapp 33 km. Bei all den Highlights entlang des Weges lohnt es, sich mindestens 5 Std. Zeit zu nehmen.

Ausrüstung: Fahrrad (nicht für Rennräder geeignet), Helm, Sonnenbrille, Wasserflasche.

Nierstein hinter sich lassend, rollt man durch die Weinlage Roter Hang.

Radweges nach, benannt nach eben jener Bahn, die von 1896 bis 1985 durch Rheinhessen schnaufte.

Obwohl man 14 Kilometer der Rundtour gemütlich auf den ausgebauten Radwegen der ehemaligen Trassen fährt, gilt es bei der Tour, dennoch den einen oder anderen Hiwwel zu überwinden. Besonders auf der ersten Streckenhälfte kommt man schon mal außer Puste. Dafür saust man nach den Anstiegen den Hügel hinunter.

In Bodenheim startet das kleine Radfahrabenteuer. Vom Bahnhof ist es nur eine kurze Strecke bis zum Amiche-Radweg. Vor Harxheim wartet eine ordentliche Steigung. Wer diese bewältigt, kann erst einmal auf dem ersten Bahntrassenabschnitt für etwa sechs Kilometer verschnaufen. An Mommenheim vorbeiradelnd, passiert man nun Selzen und Hahnheim. Nach etwa elf Kilometern verführt Jordan's Untermühle (www.jordans-untermuehle.de) zu einem Päuschen – der Mohnstreuselkuchen ist zum Niederknien. Frisch gestärkt geht's weiter durch Köngernheim und das Naturschutzgebiet Hollerheck.

Ab und zu entdeckt man Spuren vergangener Zeiten entlang des Weges. Einen Gleisabschnitt hier, ein altes Bahnhofsschild dort, und zwischen Undenheim und Nierstein, wo früher die Nebenbahn Valentinchen tuckerte, lockt ein besonders reizvoller Abschnitt. Hinter Dexheim lässt man sich auf etwa drei Kilometern quasi bis zum Niersteiner Marktplatz rollen. Wieder ein herrliches Fleckchen, um vom Sattel zu steigen.

Zurück auf dem Rad wartet schon das nächste landschaftliche Highlight der Eskapade: Die Fahrt durch die Weinlage Roter Hang mit schönen Rheinblicken. In Nackenheim kehrt man dem Fluss den Rücken und radelt über die Mainzer Straße und die Wormser Straße zurück zum Startpunkt nach Bodenheim.

FAZIT: NICHT VON DEN STEIGUNGEN EINSCHÜCHTERN LASSEN. DIE TOUR IST AUCH OHNE E-BIKE UND NICHT NUR FÜR SPORTSKANONEN MACHBAR.

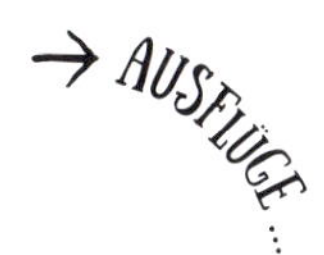

PANORAMA-SÜCHTIG

#26

Die Schokoladenseiten in und um Alzey entdeckt man bei diesem 11,6 Kilometer langen Rundweg. Dabei wird man nicht nur von der charmanten Fachwerkstadt bezaubert, sondern bei einem Streifzug durch die umliegende Natur auch noch mit herrlichen Aussichten und ganz viel Ruhe verwöhnt.

#StadtLandGenuss #fachwerkverliebt #Frühlingsgefühle

An der Paeseler Anlage entdeckt man ein restauriertes Teilstück der alten Stadtmauer.

Im Frühling lädt die weite Hügellandschaft rund um Alzey zu einer entspannten Wanderung ein, die Stadt und Natur auf wunderbare Weise verbindet. Die ersten acht Kilometer folgt man vom Start beim Robinson Spielplatz in der Straße am Herdry der Nordic Walking Tour 1, der Alzeyer-Panorama-Route.

Schon bald stößt man auf den Stausee, den man fast umrundet, indem man über die Steinbrücke rechts abbiegt. Nach einem kurzen Stück auf dem Damm trifft man wenig später auf die ersten Reben samt Weitblicken, Weinberghäuschen und dem Wartbergturm in der Ferne.

Durch die Weinberge wandernd, streift man nach etwa vier Kilometern den Stadtteil Heimersheim und spaziert über einen idyllischen Pfad entlang des Engbachs. Kurz darauf geht's auf einem langen, gerade verlaufenden Feldweg weiter, bis hinter einer Kuppe Alzey im Blickfeld auftaucht.

Auf der Kreuznacher Straße verlässt man die Route des Nordic Walking Trails und gelangt über die Hinkel- und Spießgasse mitten hinein in die historische Altstadt. Am Fischmarkt bewundert man das alte Rathaus aus dem 16. Jahrhundert mit dem markanten Turm, bevor man sich am Roßmarkt in einem der Lokale niederlässt.

Im Anschluss führt der Stadtrundgang über die Antoniterstraße, mit kurzem Abstecher zum Museum, zur Paeseler Anlage. Hier ragt eindrucksvoll ein Teil der restaurierten Stadtmauer in die Höhe – samt Wehrgang und Taubenturm. Gleich vor der Mauer befindet sich das Denkmal zu Ehren Georg Scheus, Rebzüchter und Wegbereiter des Weinbaus in ganz Deutschland.

Das Hotel kündigt die nächste Sehenswürdigkeit des Stadtrundgangs an. Davor ist der Roßmarkt ein schöner Ort für eine Pause.

Nun ist es nicht mehr weit bis zum Wahrzeichen der Stadt, dem Alzeyer Schloss. Dorthin geht's mit einem kleinen Abstecher zum Burggrafiat. Bis Ende des 18. Jahrhunderts war der barocke Bau Sitz des kurpfälzischen Amtsmannes. Von einem Prachtbau zum nächsten, nämlich zur Fassade des mittelalterlichen Schlosses, das seit dem letzten Umbau Anfang des 20. Jahrhunderts auch mit neogotischen Elementen in Verzückung versetzt. Die Innenräume sind zwar nicht zu besichtigen, denn diese beherbergen ein Internat sowie ein Amtsgericht, aber auch von außen macht das Schloss mit seinem eindrucksvollen Bollwerksturm einiges her, und im Innenhof lässt es sich wunderbar für einen Moment verweilen, bevor man an der Nikolaikirche und dem Hexenpark mit weiteren Relikten der historischen Befestigungsanlage vorbei stadtauswärts zum Startpunkt wandert.

FAZIT: STADT UND NATUR – DAS PERFEKTE DUO FÜR EINEN ENTSPANNT-AKTIVEN SONNTAGSAUSFLUG.

Hin & weg: Prima für den Einstieg ist der Parkplatz beim Robinson Spielplatz am Herdry. Wer mit dem ÖPNV anreist, startet am Alzeyer Bahnhof.

Beste Zeit: Im Sommer besonders herrlich, aber auch im Frühling, zum Einläuten der Eiskaffeesaison.

Dauer & Strecke: Ca. 3 Std. reine Gehzeit für 11,6 km. Mit Pausen sollte man 4–5 Std. einplanen.

Ausrüstung: Bequeme Schuhe, Wasser und Snacks, evtl. Geld für die Eisdiele. An sonnigen Tagen Sonnencreme und Kopfbedeckung nicht vergessen, da die Wanderung weitestgehend schattenlos verläuft.

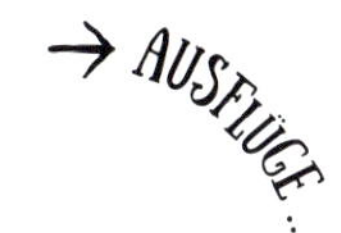

DAS BLAUE WUNDER ERLEBEN

… auf dem Altrhein-Erlebnispfad in Eich

#27

Diese Tour führt einmal rund um den Altrheinsee Eich. Dabei durchstreift man die urwüchsige Auenlandschaft und erspäht so manchen tierischen Bewohner des Naturschutzgebietes. All das wird gekrönt mit einer ordentlichen Portion Badespaß.

#AltrheinseeEich #Sommerfreuden #Kontrastprogramm

Das Ufer des Altrheinsees zeigt sich mal urwüchsig wild und mal mit feinem Sandstrand.

Von der Freiwilligen Feuerwehr Eich an der Osthofener Straße gelangt man im Nu zu dem Startpunkt des Altrhein-Erlebnispfades, der so gut wie keine Höhenmeter hat, dafür umso mehr Natur in Reinform. Außerdem kommt man an zehn QR-Code-Stationen vorbei, die es ermöglichen, noch tiefer in die Bedeutung des Schutzgebietes sowie seine Flora und Fauna einzusteigen.

Kaum losspaziert, passiert man eine Beobachtungshütte, von der man Ausschau nach einigen Vogelarten halten kann. Neben Drossel- und Schilfrohrsänger sind der Altrheinsee und die Umgebung Revier der Rohrweihe, des Eisvogels, der Wasserralle, des Blaukehlchens und der Beutelmeise. Es lohnt sich, für einen Moment in den Entdeckermodus zu schalten und durch die Aussichtsfenster der Hütte das herrliche Bild zu genießen, das sicherlich auch die großen Meister der Landschaftsmalerei inspiriert hätte. Schilfgräser wiegen sich sanft in der Sommerbrise, Seerosen schaukeln auf der Wasseroberfläche und Libellen schwirren umher.

Sobald man sich von dem beruhigenden Anblick gelöst hat, geht's auf abwechslungsreichen Pfaden weiter entlang des Wassers. Immer wieder ragen kleine Holzstege in den See, und ein Aussichtsturm verspricht eine neue Perspektive auf die Landschaft.

Nach etwa fünf Kilometern erreicht man die Badestelle des Altrheinsees mit seinem weitläufigen Strandabschnitt. Der Eintritt ist kostenlos. Allerdings ist etwas Obacht angesagt. Denn wegen des steil abfallenden Ufers und der Gewässertiefe ist der See nur für Schwimmer geeignet, und auch eine DLRG-Überwachung gibt's nicht. Für Erfrischungen und Snacks sorgt der Kiosk Strandbad. Mit Eis am Stiel oder kühlem Drink kann man wunderbar in den Liegestühlen unter Palmen lümmeln – was will man mehr?

Genug gechillt, halten die letzten 1,2 Kilometer des Erlebnispfades noch mal eine besonders herrliche Etappe bereit. Am alten Bahndamm, auf dem bis 1969 die Altrheinbahn tuckerte, hat man noch mal die Chance, unterschiedliche Vogelarten zu sehen und zu hören, bevor die Runde nahe der Feuerwehr ihren Abschluss findet.

An Beobachtungsstationen kann man Ausschau nach Vogelarten wie dem Eisvogel und dem Blaukehlchen halten.

FAZIT: FÜR GROßE UND KLEINE ENTDECKER GENAUSO WIE FÜR BADENIXEN UND SONNENANBETER – EINE GELUNGENE MISCHUNG.

Hin & weg: Zwischen Worms und Guntersblum verkehrt die Buslinie 432 mit Halt in Eich, Haltestelle Gasthaus Gutjahr.

Beste Zeit: Zur Badesaison im Sommer.

Dauer & Strecke: Ab 4 Std. für den gut beschilderten Rundweg (6,2 km) und die Schwimm-Session bis open end.

Ausrüstung: Bequeme Schuhe, Fernglas, Wasserflasche, Badesachen, Handtuch, Sonnen- und Mückenschutz.

WIE IN DER TOSKANA

... auf und um den Petersberg

#28

Fast schon zu läppisch für einen Tagesausflug mag diese knapp sieben Kilometer lange Eskapade erscheinen. Doch beim Weinbergschaukeln mit Italienflair und Sonnenuntergangspicknick an einer historischen Stätte kann man schon mal die Zeit vergessen.

#KulturwegPetersberg #Sundownerwithaview #EntschleunigungvomFeinsten

Die sanften Hügel im Abendlicht wecken Erinnerungen an den letzten Italienurlaub.

Zwischen Bechtolsheim und Gau-Odernheim liegt der Petersberg und zählt mit 246 Metern zu den höchsten Erhebungen Rheinhessens. Hinauf auf den Gipfel führt eine ausgeschilderte Rundwanderung, die eine der schönsten Aussichten auf die Hügel der Region, einen romantischen Bachlauf und idyllische Pfade bereithält. Nicht beirren lassen darf man sich von den gerade mal 6,7 Kilometern der Tour. Denn nahezu jeder Meter ist so vollgepackt mit Höhepunkten, dass man unbedingt Zeit mitbringen sollte.

An der Petersberghalle in Gau-Odernheim startet die Rundtour und führt über die Mühlstraße und die Selz, bis sich am Selztalhof die Weinberge und Felder vor einem erstrecken. Im Frühling ist die Landschaft am Fuße des

Oben auf dem Petersberg ist der richtige Ort für ein Sonnenuntergangs-Picknick.

Petersbergs hin zur Gau-Odernheimer Seite übersät von gelb blühenden Wildtulpen – wohlgemerkt die größte Ansammlung nördlich der Alpen. Die Pflanzenart gilt laut der Roten Liste als stark gefährdet. Darum ist es besonders wichtig, auf den Wegen zu bleiben, um keine der zarten Blumen zu zertreten, und auch Tulpen für den eigenen Garten ausbuddeln ist keine gute Idee.

Es geht schnurstracks Richtung Bechtolsheim, wo man aber nur ein paar Blicke auf die Gemeinde mit ihrem zauberhaften historischen Ortskern wirft und nach 1,8 Kilometern rechts abbiegt, um im Grünen zu bleiben. Nach einem weiteren Kilometer kehrt man der Gemeinde endgültig den Rücken und steuert den Engelborn an. Hier entspringt der Bach, bevor er nach etwa einem Kilometer in die Selz mündet. Das Engelborner Brünnelche nahe der Schutzhütte ist ein lauschiges Plätzchen, wo man es sich durchaus mit einer Flasche Wein auf den Steinen der Bruchsteinmauer an der Quelle gemütlich machen kann.

Hinter dem Engelborner Brünnelche geht's nun gemächlich mit einem Schlenker durch die Reben bergauf. Auf dem Gipfel wartet nicht nur ein fantastisches 360-Grad-Panorama, sondern auch die Nachbildung der Krypta der Peterskirche, wie man sie im Mittelalter vorfand. Im zehnten Jahrhundert wurde die Kirche im Stil einer dreischiffigen Basilika erbaut und während des 30-jährigen Krieges zerstört. Mitte des 20. Jahrhunderts gruben Archäologen Überreste der Ruine aus, und dank der denkmalgetreuen Nachbildung eines

Unterhalb der nachgebildeten Krypta der Peterskirche schwingt es sich wunderbar auf einer Wingertsschaukel – Panoramablick inklusive.

Steinmetzes kann man heute Teile der Krypta auf dem Petersberg bewundern und sich währenddessen ein Sundowner-Picknick mit verschiedenen Köstlichkeiten schmecken lassen, bevor man hinabspaziert.

Sehr weit kommt man dabei allerdings nicht. Denn kaum losgelaufen, erreicht man eine Wingertsschaukel. Aber nicht irgendeine, denn bei diesem Exemplar legt man die Füße auf einer Wanderliege hoch und schwingt dabei munter dem Sonnenuntergang entgegen.

Wieder mit beiden Füßen auf der Erde, werden die letzten Abschnitte begleitet von traumhaften Aussichten über die Hügel der Toskana ääähh ... Rheinhessens. Die Szenerie ist besonders magisch, wenn die Abendsonne die Landschaft in ihr goldenes Licht taucht.

FAZIT: EINE TOUR ZUM SCHWÄRMEN SCHÖN, GEWÜRZT MIT EINER DOSIS KULTURELLEM ERBE.

Hin & weg: Von Alzey mit Bus 660 bis Gau-Odernheim, Marktplatz.

Beste Zeit: An einem Sommertag mit der Aussicht auf ein farbenfrohes Finale am Himmel. Um an den Wildtulpen zu schnuppern, kommt man am besten im April oder Mai.

Dauer & Strecke: 2 Std. reine Gehzeit für die 6,7 km lange Tour, die sich mit Picknick und Sonnenuntergangs-Schaukel-Session ganz leicht auf 4–4,5 Std. ausdehnen lässt.

Ausrüstung: Bequeme Schuhe (ein Gipfel will erklommen werden), Picknick-Proviant, Wasser, Sonnencreme und Kopfbedeckung.

WARMAISAS SCHÄTZE

... in Worms

#29

Worms ist bekannt als Nibelungen- und Luther-Stadt und galt im Mittelalter – neben Mainz und Speyer – als Jerusalem am Rhein. Daneben überrascht es mit weitläufigen Parks und grünen Oasen. Ein Stadtrundgang zu den Wormser Klassikern und verborgenen Schätzen mit einer Prise Südseefeeling.

#summerinthecity #kleineGeschichtsstunde #Gammlerbänkchen

Der Friedhof Heiliger Sand ist der älteste an seinem ursprünglichen Ort erhaltene jüdische Friedhof Europas.

Bei dieser 13 Kilometer langen Rundtour taucht man ein in das jüdische Erbe von Worms (www.worms-erleben.de), erkundet die grüne Seite der Stadt, und kommt natürlich auch nicht an Martin Luther und den Nibelungen vorbei. Es lohnt, in versteckten Ecken und auf Hausgiebeln Ausschau nach Fabelwesen zu halten.

Warmaisa, so lautet der hebräische Name für Worms, galt als wichtiges europäisches Zentrum des Judentums, und noch heute kann man sich an vielen Orten auf die Spuren jüdischer Geschichte in Rheinhessen begeben. Start ist die Judengasse in der Nähe des Raschitors, benannt nach dem jüdischen Gelehrten Schlomo Jizchaki – alias Raschi –, der eini-

Ein Wormser Klassiker: Blick auf den Nibelungenturm.

ge Jahre in der Stadt gelebt hat. Durch das Tor betritt man das ehemalige Judenviertel und erreicht nach wenigen Metern die Wormser Synagoge. Gleich dahinter liegt das Raschi-Haus. Das Jüdische Museum wurde auf dem historischen Gewölbekeller erbaut und gibt Einblicke in die Geschichte und den Alltag der jüdischen Gemeinde.

Hin & weg: Vom Wormser Hauptbahnhof sind es etwa 10 Fußminuten bis zum Start der Tour.

Beste Zeit: Zur Strandbarsaison.

Dauer & Strecke: Mindestens 5 Std. für den 13 km langen Rundweg und all die Entdeckungen entlang des Weges einplanen. Es lohnt sich, Zeit mitzubringen.

Ausrüstung: Festes Schuhwerk, Mückenschutz, Kopfbedeckung für Männer beim Besuch der Synagoge und des Jüdischen Friedhofs.

Zurück in der Judengasse überquert man an der nächsten Kreuzung die Friedrichstraße und geht entlang der Fußgängerzone bis zum Ludwigsplatz und zu der Kirche St. Martin. Hier bietet sich ein Abstecher in den Innenhof an, wo man einen Moment zwischen Olivenbäumen und blühenden Hortensien verweilt, bevor der Weg über den Adenauerring führt. Kurz vorm Lutherdenkmal kommt man an einem Mäuerchen vorbei, bei Wormsern bekannt als Gammlerbänkchen.

Der nächste Halt ist der Heylshofpark. In dem romantischen Garten unweit des St.-Peter-Doms verbergen sich Wasserspiele, mystische Grotten und lauschige Sitzplätze im Schatten alter Bäume. Bis zum jüdischen Friedhof Heiliger Sand ist es nur ein Katzensprung. Bei einem Rundgang durch den äl-

Schönes Plätzchen für eine Rast: das vegane und glutenfreie Café Frollein Elfriede.

testen in situ erhaltenen jüdischen Friedhof Europas offenbart sich ein eindrucksvoller Blick auf die UNESCO-Welterbestätte und den Dom dahinter.

Der Weg führt entlang der Stadtmauer am veganen und glutenfreiem Café Frollein Elfriede vorbei Richtung Jahnplatz. Weiter geht's über die Philosophenstraße und den Friedrichsweg mitten hinein in den Stadtpark, liebevoll Wäldchen genannt. Auf idyllischen Pfaden spaziert man durch das Naherholungsgebiet am Erlebniszoo und Weiher vorbei und zurück zum Jahnplatz, wo man sich Richtung Norden hält. Am Torturmplatz stößt man erneut auf Teile der alten Stadtmauer und schlendert durch die Woogstraße, links in die Paulusstraße und gleich wieder rechts in ein schmales Gässchen Richtung Rheintorplatz.

Die Große Fischerweide passierend – hier lebten einst die Fischer der Stadt – geht's weiter zum Rheinufer, wo man schon aus der Ferne den Nibelungenturm erblickt. Unweit des charakteristischen Brückenturms lädt die Strandbar 443 (www.strandbar443-worms.de) dazu ein, Eiskaffee zu schlürfen und die Füße im feinen Sand zu verbuddeln, bevor man zurück zum Start in die Judengasse spaziert.

FAZIT: REICH AN KULTUR, NATUR UND VERSTECKTEN JUWELEN – WECKT DIE LUST, WORMS NEU KENNENZULERNEN.

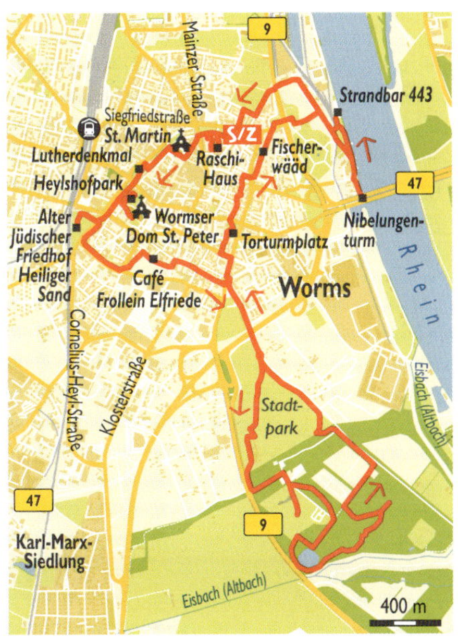

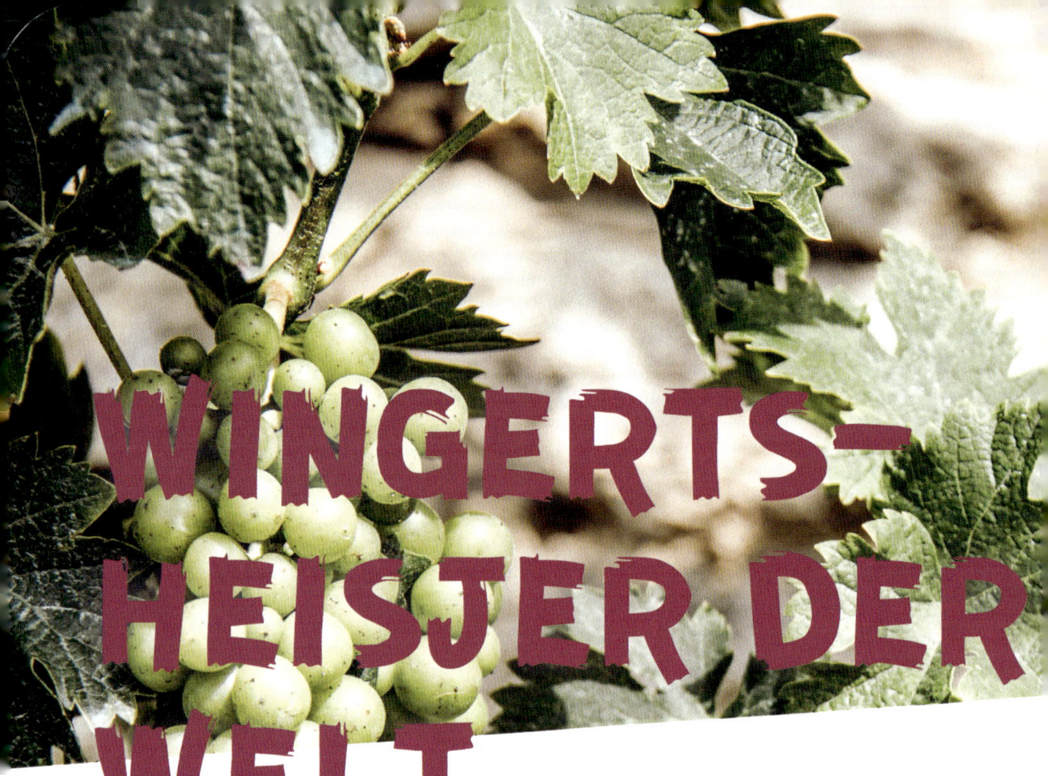

WINGERTS-HEISJER DER WELT

… bei Westhofen

#30

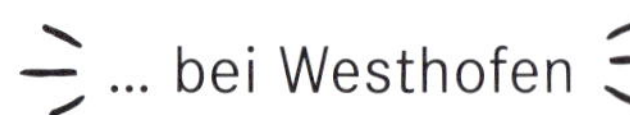

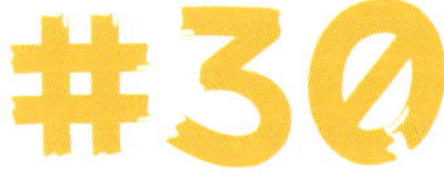

In dem Rebenmeer rund um Westhofen tauchen Weinberghäuschen aus aller Herren Ländern auf und bieten eine Weltreise der besonderen Art – inklusive eiskalter Erfrischung am Ende der Tour.

#Rundwanderung #Wonnegau #KneippKur

Stolze 14 Wingertsheisje kann man bei der Rundtour entdecken.

Es mag an den terrassenförmigen Ebenen und den üppig blühenden Wildblumen liegen, dass es sich durch die Weinberge rund um Westhofen (www.wonnegau.de/westhofen-overview) besonders vorzüglich wandern lässt. Und natürlich an den historischen Relikten, denen man auf knapp neun Kilometern alle Ritt begegnet. Gleich 14 Wingertsheisje gibt's zu entdecken, wenn teils auch nur aus der Ferne. Die Weinberghäuschen dienten als Aufbewahrungsort für Werkzeug, das zur Bewirtschaftung des Weinberges genutzt wurde. Fegte ein Unwetter über Rheinhessen, boten sie außerdem Schutz.

Start des Westhofener Wingertsheisjer Wanderweges ist der Parkplatz Nickelgarten. Trotz der Beschilderung schadet es nicht, sich vor der Tour den GPS-Track runterzuladen, falls man sich von der herrlichen Natur, den schönen Fernblicken und den historischen Häuschen zu sehr ablenken lässt. Das erste Heisje verzückt bereits seit dem Jahre 1766 Pilger, Winzer und Ausflügler.

Wer mag, kürt sein Lieblings-Wingertsheisjer. Vielleicht das Rapunzeltürmchen, das orientalische mit dem Tonnendach, der Trullo mit Kuppel in Form eines chinesischen Hutes oder das Vierecks-Heisje, das mit den umliegenden Zypressen einen Hauch Toskana in den Wonnegau bringt. Sicher auch unter den Top Five der Weinberghäuschen: das unvollendete Heisje. Wo einst das Dach vorgesehen war, ragt eine Baumkrone zwischen den alten Steinen empor.

Hin & weg: Von Osthofen mit Bus 434 oder von Alzey mit Bus 427 bis Westhofen, Verbandsgemeinde.

Beste Zeit: Die erfrischende Kneippkur macht die Eskapade zur perfekten Sommertour.

Dauer & Strecke: 2,5 Std. reine Gehzeit für 8,6 km. Mit Pausen, Wassertreten und Einkehr sollte man 4,5 Std. einplanen.

Ausrüstung: Bequeme Schuhe, Wasser und Müsliriegel, Handtuch für die Kneippkur.

Zurück in Westhofen geht's einen schmalen Weg, ein sogenanntes Reilchen, entlang der alten Stadtmauer und weiter zur sprudelnden Seebachquelle. Den Bach überquerend, bietet die Kneippanlage eine erfrischende Wohltat. Auch wenn die konstant bei zehn Grad liegende Wassertemperatur eine Überwindung darstellen könnte.

Zum gelungenen Ausklang laden die Restaurants und Straußwirtschaften Westhofens zum Verweilen und Genießen ein. Ein Schmankerl für Freunde der gehobenen Küche ist das Gut Leben am Morstein (am-morstein.de).

Neben den Weinberghäuschen begeistern die vielen Wildblumen am Wegesrand. Zum Abschluss lockt die Kneippanlage in Westhofen zu einer Erfrischung.

Im lauschigen Weingarten kann man sich mit einem Glas Wein und den raffinierten Speisen verwöhnen lassen – und dabei gleich die nächsten Eskapadenpläne schmieden, denn nach dem Ausflug ist vor dem Ausflug!

FAZIT: REBEN, KNEIPP-KUR UND HISTORIE: EINE WANDERUNG FÜR KÖRPER UND SEELE.

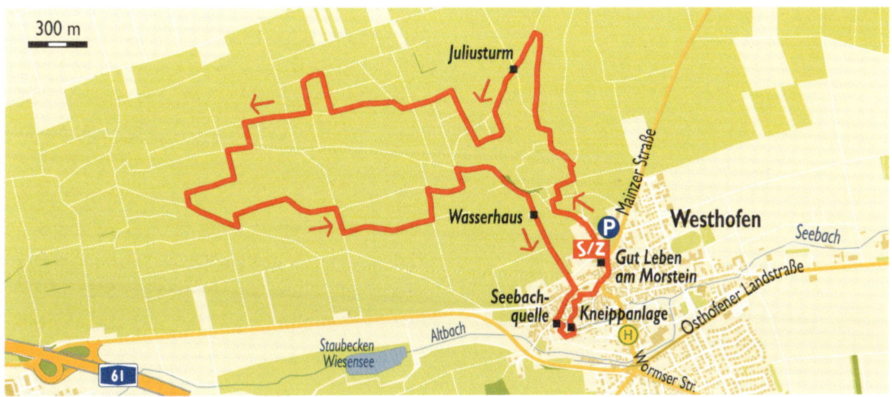

GIPFEL-STÜRMER

… bei Neu-Bamberg

Umgeben von würzigen Wäldern, Weinberghängen und imposanten Steinbrüchen erhebt sich der Eichelberg in der Rheinhessischen Schweiz und weckt die Lust auf eine Gipfeltour. Zahlreiche Attraktionen rundherum verführen zu dem einen oder anderen Abstecher.

#HiwweltourEichelberg #wodieHeideblüht #Nordpfalzblick

Die sehr gut beschilderte Hiwweltour Eichelberg startet bei Neu-Bamberg und verläuft auf 11,4 Kilometern an Frei-Laubersheim und Fürfeld vorbei und wieder zurück zum Ausgangspunkt der Tour. Eine der Besonderheiten der Wanderung: Es wird keine Ortschaft passiert, man befindet sich ausschließlich in der Natur, die neben Weinreben von dichten Eichen- und Kiefernwäldern, eindrucksvollen Steinbrüchen und weiten Wiesen geprägt ist.

Die Wanderschuhe geschnürt und den Rucksack geschultert, geht's los am Wanderparkplatz oberhalb des alten Bahnhofs zwischen Neu-Bamberg und Frei-Laubersheim. Über eine alte Bahntrasse spazierend, passiert man

Bevor man den Gipfel erreicht, öffnet sich der Blick hin zur Nordpfalz.

kurz darauf einen aktiven Steinbruch. Dann muss man stramm bergauf, bevor man die Waldbühne erreicht, einen Veranstaltungsort mitten im Grünen. Der Weg führt durch einen wunderbar duftenden Kiefernwald, und nach etwa 1,2 Kilometern folgt eine Abzweigung zum Aussichtspunkt Alter Steinbruch. Zu dem kleinen Abstecher sollte man sich unbedingt aufmachen, denn der schmale Pfad zum Steinbruch ist von August bis Mitte September gesäumt von blühender Heide.

Wieder auf Kurs verläuft der Waldweg steil ins Tal hinab. Während man die nächsten Meter durch Felder streift, heißt es nochmal Luft holen. Denn als Nächstes gilt es den Eichelberg (320,3 Meter) zu erklimmen. Kurz vor dem höchsten Punkt bietet sich am Nordpfalzblick eine Sitzgelegenheit zum Verschnaufen mit herrlicher Aussicht zu den Nachbarn in der Pfalz.

In gemächlichem Tempo führt der Abstieg durch den Wald, vorbei an der felsigen Rabenkanzel. Unten öffnet sich der Blick auf Fürfeld, und es gibt eine weitere Rastmöglichkeit. Der Pfad verläuft weiter entlang des Waldrandes, bis sich ein schöner Blick auf Hof Iben und die Templerkapelle mit dem charakteristischen Türmchen offenbart.

Es folgen herrliche romantische Abschnitte durch das Appelbachtal. Kirschbäume und Brombeersträucher laden zur Naschpause ein, und ein munteres Summen kündigt die Bienenstöcke am Weg an. Der Tisch des Weines ist nicht nur ein nettes Picknickplätzchen, sondern bietet auch ein sagenhaftes Panora-

---

Hin & weg: Zum Wanderparkplatz kommt man über die A61, Ausfahrt Gau-Bickelheim, Richtung B420 Wöllstein, 8 km bis Frei-Laubersheim, abbiegen auf L409 Kreuznacher Straße bis Alter Bahnhof Frei-Laubersheim. Mit dem ÖPNV z. B. ab Bad Kreuznach mit Bus 224 bis zum Bahnhof Neu-Bamberg.

Beste Zeit: Im Spätsommer oder Frühherbst, wenn die Heide blüht.

Dauer & Strecke: 3,5–4 Std. reine Gehzeit für 11,4 km. Mit Abstechern (etwa nach Fürfeld, zur Sarlsheimer Kirche oder Neu-Bamberg) lässt sich der Ausflug nach Belieben ausdehnen.

Ausrüstung: Ausreichend Proviant und Wasser (auf direkter Strecke liegen keine Einkehrmöglichkeiten) Kopfbedeckung und Sonnencreme.

Vom Wanderweg bietet sich ein Blick auf den stillgelegten Steinbruch bei Neu-Bamberg. Von hier spaziert man die letzten Meter zurück zum Start der Tour oder lässt den Tag in Neu-Bamberg ausklingen.

ma Richtung Neu-Bamberger-Heide, Ajaxturm und Burgruine in Neu-Bamberg. Wenig später lohnt sich ein Umweg zur Sarlsheimer Kirche, bevor man zum Endspurt der Tour ansetzt und das letzte Highlight erreicht, den stillgelegten Steinbruch bei Neu-Bamberg. Alternativ begibt man sich nach Neu-Bamberg und lässt den Tag in der charmanten Gemeinde ausklingen, zum Beispiel in dem Hof des Lokals Zur Junkermühle (www.junkermuehle.net).

FAZIT: WANDERN AUF WUNDERBAR ABGESCHIEDENEN UND ABWECHSLUNGSREICHEN PFADEN. ZAHLREICHE HIGHLIGHTS ENTLANG DER TOUR MACHEN LUST AUF UMWEGE.

AUF HILDEGARDS SPUREN

… in Bingen

Bei diesem Rundgang lernt man die Wirkungsstätte der Äbtissin und Heilkundlerin Hildegard von Bingen kennen. Es geht zu historischen Orten, durch lauschige Wälder und vorbei an den bedeutendsten Sehenswürdigkeiten der Stadt am Rhein.

#HildegardvonBingen #Stadtflaneur #hochaufdenRochusberg

Immer wieder stößt man bei der Tour auf Kräutergärten. Hier mit Aussicht auf die Burg Klopp.

Sie gilt als eine der bedeutendsten Persönlichkeiten des Mittelalters. Als Universalgelehrte, Vorreiterin der Emanzipation und Heilige, deren Lehren noch heute unser Leben beeinflussen. Im rheinhessischen Bingen liegt eine wichtige Station ihres Lebens. Denn hier gründete Hildegard von Bingen um 1150 ein Frauenkloster.

Auf einem 11,5 Kilometer langen Rundweg spüren wir ihrem Wirken nach und erkunden nebenbei einige der schönsten Orte der Stadt. Einen Teil der Strecke folgt man dabei dem beschilderten, knapp fünf Kilometer langen Binger Hildegard-Weg (www.bingen.de > Hildegard von Bingen > Spurensuche – mit Hildegard von Bingen in die Welt). Start der Tour ist der Hildegarten mit zahlreichen Kräutern und Heilpflanzen am Museum am Strom (www.bingen.de > Kultur > Museum am Strom). Das frühere Elektrizitätswerk zeigt eine umfassende Dauerausstellung über das Leben und Werk der Visionärin. Vom Museum spaziert man über die Rheinpromenade bis zum Rhein-

Nahe-Eck. Die Nahe überquerend, erreicht man den Park im Mäuseturm, ein weitläufiges Naherholungsgebiet mit duftenden Blumenbeeten, Liegewiesen und einem Skatepark. Von dort steuert man über den Hauptbahnhof und die Koblenzer Straße die nächste Station an: die Hildegard-Gedächtniskirche in Bingerbrück. Schon von Weitem springen einem die

Vorbei an Blumen mit summenden Bienen geht's weiter durch das Rebenmeer - die Augen nach Hinweisen der Hildegard von Bingen aufhaltend.

vier Türme der neoromanischen Pfarrkirche St. Ruprecht und St. Hildegard ins Auge, und bei der Besichtigung der heiligen Hallen findet man die Vita Hildegards auf fünf der Kirchenfenster. Von der Basilika ist es nur noch ein Katzensprung zum Rupertsberger Gewölbekeller. Hier gründete Hildegard von Bingen ihr Kloster, das 1632 während des Dreißigjährigen Krieges zerstört und nie wieder aufgebaut wurde. Lediglich einige Überreste der Klosterkirche blieben verschont. Von Bingerbrück geht's erneut auf die andere Seite der Nahe und zu einem der Wahrzeichen Bingens, der Burg Klopp, deren Geschichte ins 13. Jahrhundert zurückreicht. Heute ist ein Teil der Binger Stadtverwaltung in den altehrwürdigen Gemäuern untergebracht. Bei solch einem außergewöhnlichen Arbeitsplatz mit sagenhaftem Ausblick ins Rheintal kann man schon etwas neidisch werden.

Von der Burg werden weitere Höhenmeter bis hinauf auf den Rochusberg zurückgelegt. Auf dem Binger Hausberg befinden sich die Wallfahrtskirche im neugotischen Stil und das Hildegard-Forum (www.hildegard-forum.de). Inmitten eines Kräuter- und Obstgartens widmet sich die Einrichtung mit Ausstellungen, Vorträgen und Seminaren dem Leben Hildgards. Anschließend geht's gemächlich durch die Weinberge hinab und entlang des Kulturufers zurück zum Start der Tour. Aber nicht ohne einen Blick auf die andere Rheinseite zu werfen, wo in den Hängen des Rheingaus die Abtei St. Hildegard thront.

Hin & weg: Der Start der Tour liegt genau zwischen dem Bahnhof Bingen (Stadt) und dem Hauptbahnhof Bingen und ist gut mit dem ÖPNV erreichbar.

Beste Zeit: Frühling-Herbst. Besonders reizvoll, wenn es in den Gärten und Parks entlang des Weges blüht.

Dauer & Strecke: Ca. 3,5 Std. reine Gehzeit für 11,3 km. Mit Besichtigung des Museums am Strom und des Hildegard-Forums mindestens 6 Std. einplanen.

Ausrüstung: Bequeme Schuhe, Wasserflasche, evtl. Eintrittsgeld.

FAZIT: URBANES TRIFFT AUF NATUR, KOMBINIERT MIT ETWAS GESCHICHTE. AN BRUNNEN, FASSADEN USW. AUSSCHAU NACH DER BERÜHMTEN BINGER PERSÖNLICHKEIT HALTEN.

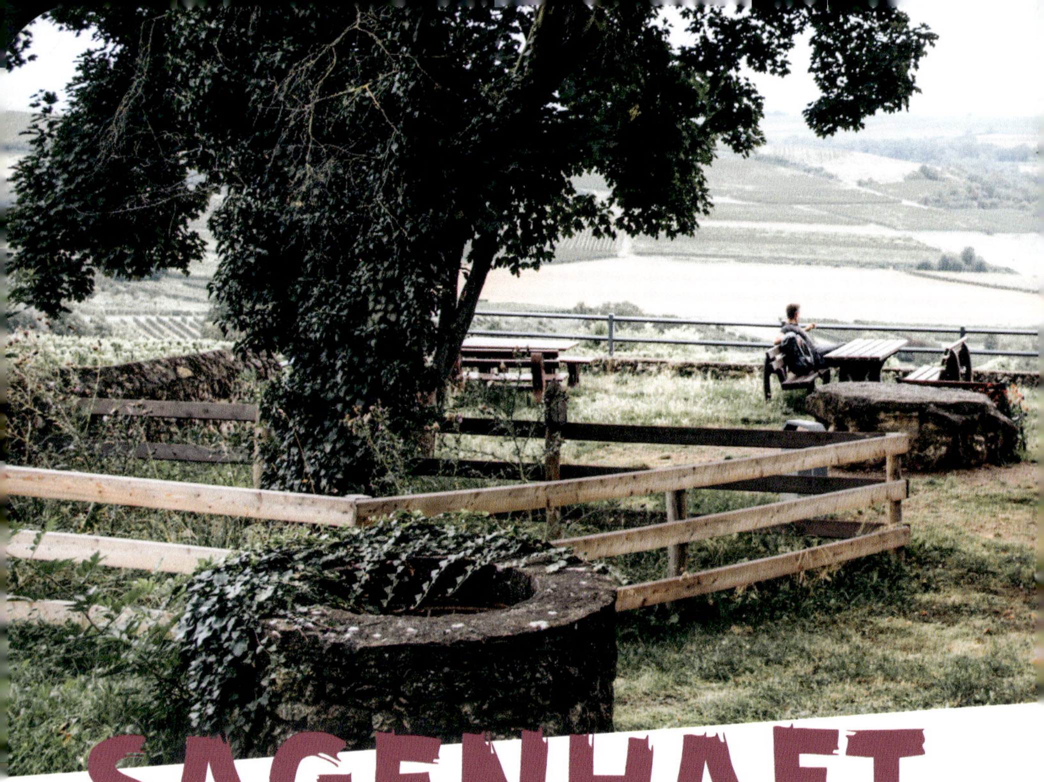

SAGENHAFT

... in Monsheim

#33

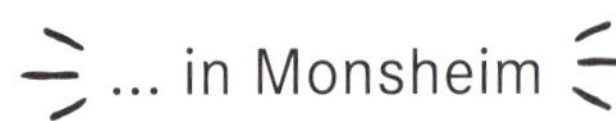

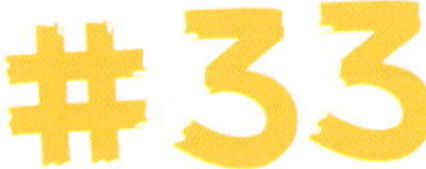

Zwischen Donnersberg und Rhein wandert es sich im Zellertal auf abwechslungsreichen Wegen besonders vergnüglich. Neben verwunschenen Pfaden entlang der Pfrimm kommen auch herrliche Weitblicke auf den Höhenwegen nicht zu kurz.

#Zellertalweg #WeinrastmitWeitblick #entlangderPfrimm #NiefernheimerLöcher

Der Weg führt am Ehrenmal vorbei, dem Wahrzeichen des Zellertals.

In Monsheim, dem östlichen Tor zum Zellertal, startet die Tour, bei der auf 14,7 Kilometern zwei Rundwanderungen miteinander kombiniert werden. Zunächst folgt man der Beschilderung des Zellertalweges bis nach Mölsheim. Von hier wechselt man auf die westliche Zellertal-Runde, die weiter durch Zell und Niefernheim bis nach Wachenheim verläuft. Dort trifft man wieder auf die östliche Rundtour und folgt den Schildern zurück zum Start der Tour.

Los geht's am Bahnhof Monsheim in nördlicher Richtung die Denkmalstraße entlangspazierend. Kurz darauf stößt man zum ersten Mal auf die Pfrimm, einen rund 43 Kilometer langen Nebenfluss des Rheins und Begleiterin über weite Teile der Strecke. Am Ortsrand taucht man ein in das Rebenmeer und folgt dem Zellertalweg über einen sanften etwa 3,5 Kilometer langen Anstieg.

Den höchsten Punkt erklommen, offenbart sich ein Panorama über die Rheinebene bis zu den Hügeln des Odenwaldes am Horizont.

Danach nähert man sich der Ortsgemeinde Mölsheim. Im hiesigen Aegidiuspark lockt sonn- und feiertags von Frühling bis Ende Oktober die Weinrast mit Weitblick. An anderen Tagen ist dies ein fantastischer Platz, um den Proviant auszupacken und den Blick schweifen zu lassen. Nach der Rast nimmt man Kurs auf Zell und erwandert eine Etappe des westlichen Zellertalweges. Bevor er durch die Gemeinde führt, ragt etwa einen Kilometer entfernt das Zellertaler Ehrenmal zwischen den Weinbergen hervor. Das Kriegerdenkmal zu Ehren der Gefallenen des Ersten Weltkriegs wurde 1928 errichtet und gilt als das Wahrzeichen des Zellertals. Daneben passiert man den Schneggewingert, der, wie der Name schon vermuten lässt, von seiner Form an ein Schneckenhaus erinnert.

Blicke in Innenhöfe und Einfahrten offenbaren skurrilen Fassadenschmuck und die Monsheimer Schlossanlage.

In Zell lohnt ein kleiner Umweg durch den charmanten Gutspark. Nun verlässt man die Gemeinde Richtung Harxheim, begibt sich kurz vor der Ortschaft nach links und wandert auf dem Nibelungenweg bis Niefernheim. Die kleinste Gemeinde des Zellertals ist vor allem durch die schaurigen Geschichten, die sich um die Niefernheimer Löcher ranken, bekannt. An einer sumpfigen Stelle außerhalb des Ortes soll einst eine mit Schätzen voll beladene Kutsche gesunken sein. Ein idyllischer Pfad entlang der Pfrimm führt direkt vorbei an jener sagenumwobenen Stelle in einem kleinen Wäldchen. Weiter der Pfrimm nach, lädt bei Wachenheim eine Kneippanlage dazu ein, aus den Schuhen zu schlüpfen und durch das kalte Wasser zu waten. Wachenheim den Rücken kehrend, überquert man nun die K1 und läuft am Monsheimer Schloss vorbei zurück zum Start der Tour.

FAZIT: UMGEBEN VON WEINREBEN, MIT MYSTISCHEN SAGEN UND DEM IDYLLISCHEN UFER DER PFRIMM HÄLT DIE TOUR ALLES BEREIT, WAS EINEN GELUNGENEN WANDERTAG AUSMACHT.

Hin & weg: Mit der Bahn von Worms oder Alzey bis nach Monsheim.

Beste Zeit: Besonders reizvoll im Frühling oder Herbst.

Dauer & Strecke: Etwa 4 Std. reine Gehzeit für 14,7 km.

Ausrüstung: Festes Schuhwerk, Proviant.

RUF DER WILDNIS

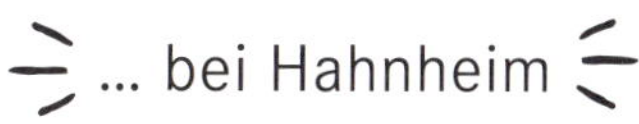

#34

Auf idyllischen und teils wunderbar abgeschiedenen Pfaden geht's auf Safari durch das mittlere Selztal. Gute Beobachter und Wanderer auf leisen Sohlen werden belohnt und erhaschen mit etwas Glück einen Blick auf gefiederte Locals wie den Eisvogel.

#ViaNatura #GraureiherEisvogel&Co #SafarianderSelz

Der ausgeschilderte Rundweg ViaNatura führt auf knapp zehn Kilometern von Hahnheim durch das abwechslungsreiche mittlere Selztal. Dem Symbol mit der Graureiher-Silhouette folgend, startet die Tour in der Bahnhofstraße in Hahnheim, begleitet von der Selz. Hinter den Dächern ragt ein Teil der hübschen Renaissancefassade des Schlosses Hahnheim empor.

Hin & weg: Zwischen Mainz und Alzey fährt die Buslinie 660 mit Halt in Selzen, Bahnhofstraße.

Beste Zeit: An einem freundlichen Herbsttag.

Dauer & Strecke: 3,5–4,5 Std. für knapp 10 km einplanen.

Ausrüstung: Bequeme Schuhe, Fernglas.

Das vermutlich 1590 von Johann Heinrich von Dienheim errichtete Bauwerk erlebte in den nächsten Jahrhunderten häufige Besitzerwechsel und Zweckentfremdungen. So setzte der Metzgermeister Philipp Schömbs dem Ganzen das Sahnehäubchen auf, als er 1921 in einigen Räumlichkeiten eine Fleischerei einrichtete. Heute kann man hier ein Apartment als Ferienwohnung mieten.

Nachdem man sich von dem herrschaftlichen Anblick gelöst hat, folgt man der Beschilderung bis in das Naturschutzgebiet Hahnheimer Bruch (www.hahnheimer-bruch.de). Seltene Tier- und Pflanzenarten sind dort heimisch, und es lohnt, für einen Moment am Weiher auszuharren und Ausschau nach den Bewohnern zu halten.

Im Selztal werden zwischen Herbstblühern und Heuballen Glücksgefühle freigesetzt.

Und tatsächlich: Ein Eisvogel schwirrt vorbei und lässt sich auf einem der Äste am Wasser nieder. Womöglich lauert er auf eine fangfrische Mahlzeit. Neben dem Eisvogel kann man auch seltene Vogelarten wie den Wachtelkönig, die Wasserralle und das Blaukehlchen vor Ort antreffen. Wer ein Fernglas dabeihat, ist klar im Vorteil.

Nach knapp drei Kilometern kehrt man - zunächst einmal - der Selz den Rücken. Felder und Obstplantagen passierend, öffnet sich das Blickfeld hin zu herrlichen Landschaftspanoramen. Es geht an herbstlichen Wildblumenwiesen vorbei, bevor zu guter Letzt ein idyllischer Wiesenpfad wartet. Nun trifft man auch wieder auf die Selz.

Zum Abschluss wartet ein idyllischer Wiesenpfad. Das friedlich plätschernde Gewässer zur Linken sowie weitläufige Gärten und rustikale Höfe zur Rechten nimmt man Kurs auf das Ziel, die Bahnhofstraße in Hahnheim.

FAZIT: KAUM HÖHENMETER UND DENNOCH NATUR PUR – EINE WANDERUNG FÜR GEMÜTLICHE!

WALD, WEIN, FLUSS

... in Weiler bei Bingen

Am Rande des Hunsrücks führt die 19,4 Kilometer lange Rundtour Rhein-Nahe-Schleife über abwechslungsreiche Pfade. Dabei gilt es, 500 Höhenmeter zu überwinden, durch idyllische Landschaften zu streifen und fantastische Aussichten zu genießen – tierische Überraschung am Ende der Wanderung inklusive.

#RheinNaheSchleife #panoramareich #Waldeslust

Auf der Rhein-Nahe-Schleife wechseln sich Waldwege mit aussichtsreichen Etappen ab.

Diese große Herbstwanderung bietet eine gelungene Mischung aus Wald, Weinbergen und Wiesen. Auch Blicke auf Nahe und Rhein offenbaren sich auf der Rhein-Nahe-Schleife. Doch anders als der Name der Rundtour vermuten mag, spielen die Flüsse nur eine Nebenrolle, und die vielfältige Natur ist hier die klare Protagonistin.

Start der 19,4 Kilometer langen Wanderung ist Weiler bei Bingen. Vom Dorfplatz folgt man der roten Beschilderung RheinBurgen-Weg Rundtour (www.rheinburgenweg.com). Durch den Kiesweg spazierend, lässt man die Ortschaft hinter sich, und es geht weiter auf einem Wiesenpfad, bis man waldiges Terrain erreicht. Nun wechseln sich Pfade entlang des Waldrandes mit Forstwegen ab. Dazwischen grüßt Waldalgesheim mit dem markanten Turm der Pfarrkirche St. Dionysius aus der Ferne. Auf der Höhe von Genheim lädt eine Wingertsschaukel zu einer Rast ein, bevor man die Runde um den Galgenberg fortsetzt.

Nach etwa acht Kilometern überquert man die Landstraße. Kurz darauf wandert es sich über verwunschene Pfade durch den Herbstwald besonders vergnüglich. Es folgt ein nahtloser Übergang von Wald- zu Weinbergwegen.

Gemächlich geht's bergab, den Weinort Münster-Sarmsheim im Blick, der Hungrige vielleicht zu einem Umweg verführt. In der Weinstube Kruger-Rumpf (www.kruger-rumpf.com) kann man sich wunderbar am Kamin

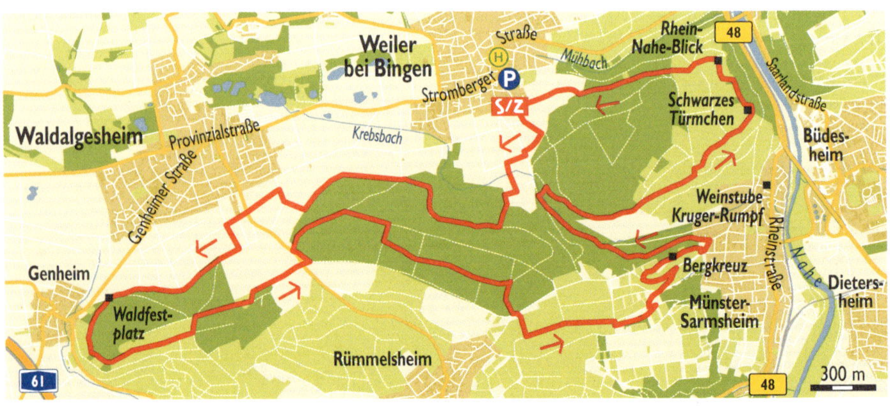

Auf der Zielgeraden zeigen sich die beiden Namensgeber der Tour: Rhein und Nahe.

aufwärmen. Zu regionalen und saisonalen Gerichten genießt man Weine, deren Trauben an jenen Hängen wachsen, die man bei der Wandertour passiert.

Ob man sich ein Päuschen genehmigt hat oder nicht, geht's hinter Münster-Sarmsheim stramm bergauf, bevor der Weg weiter durch das Rebenmeer bis zum märchenhaften Schwarzen Türmchen verläuft. Wer sich nach den nun 17 gewanderten Kilometern fragt, wo denn die angekündigten Flüsse bleiben, den erwartet kurz darauf ein Aussichtspunkt mit Blick auf das Rhein-Nahe-Eck, die Stadt Bingen und den Rheingau.

Es folgt die Zielgerade zurück nach Weiler – mit Halt am Rehgehege, um die anmutigen Kreaturen für ein Weilchen zu bewundern.

FAZIT: ANSPRUCHSVOLLE UND AUSSICHTSREICHE TOUR – IDEAL, UM DEN HERBST GEBÜHREND WILLKOMMEN ZU HEIßEN.

Hin & weg: Vom Stadtbahnhof Bingen mit Bus 230 bis Weiler (Bingen) Mitte.

Beste Zeit: An einem freundlichen Oktobertag oder im Frühling, wenn die Blätter sprießen.

Dauer & Strecke: Je nach Kondition 5,5–6,5 Std. reine Gehzeit für 19,4 Kilometer einplanen.

Ausrüstung: Feste Schuhe und ausreichend Proviant.

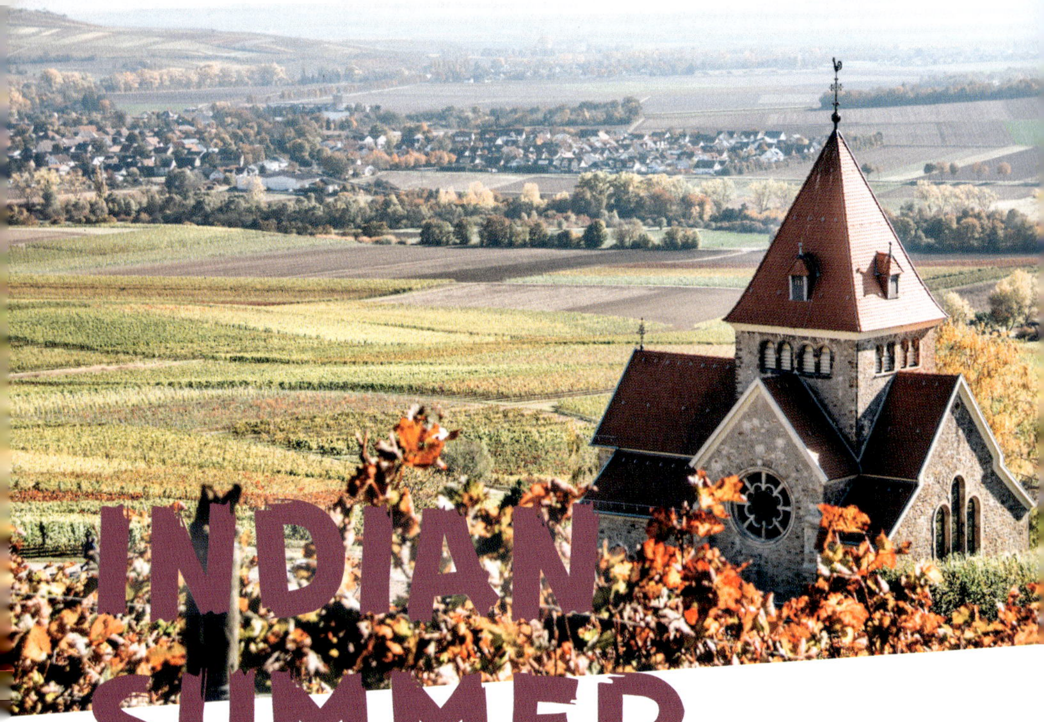

INDIAN SUMMER

... in Vendersheim

#36

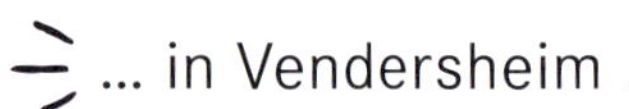

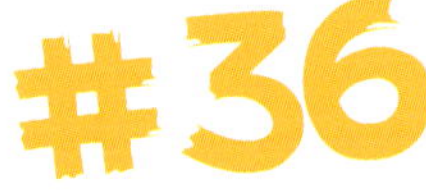

Wer dem Herbst mit all seinen Farbschattierungen frönen möchte, findet auf dieser knapp 13 Kilometer langen Rundwanderung seine Erfüllung. Auf Wiesen- und Weinbergpfaden wird der Wißberg erklommen, der sagenhafte Aussichten über das rheinhessische Hügelland bereithält.

#imFarbenrausch #Wißberg #Weinbergkapelle

Wie in die Grün-Rot-Orange-Farbpalette getaucht sieht die Landschaft um den Wißberg im Herbst aus.

Um sich am Herbst in seinem bunten Gewand zu erfreuen, eignet sich diese rund 13 Kilometer lange Rundtour ab Vendersheim. Im Ortskern startend, orientiert man sich bis kurz vor Gau-Weinheim an der Beschilderung 6. Zunächst geht's nach rechts in die Ostergasse und dann mitten hinein in die Natur. Dem Vendersheimer Bach folgt man etwa zwei Kilometer, bis man etwa auf Höhe von Gau-Weinheim den Weg nach rechts einschlägt.

Am Ende der Straße wieder rechts ab, der Beschilderung 7 nach, wandert man durch das kleine Winzerdorf. Hier lohnt ein Abstecher in die Obergasse zu dem mittelalterlichen Wehrturm, der aus gutem Grund den Spitznamen Schiefer Turm trägt.

Hinter dem Friedhof lässt man sich vom Wißberg und der malerisch in die Weinberge eingebetteten Kreuzkapelle die Richtung wei-

sen. Nun geht's zum Seminarpavillon hinauf und weiter des Weges bis zur Kreuzkapelle. Bereits Mitte des 18. Jahrhunderts thronte am Wißberghang eine Kapelle, die im Verlauf der Französischen Revolution zerstört wurde. 1856/57 begann man sie wiederaufzubauen. Doch Ende des 19. Jahrhunderts drohte der Einsturz, und die Renovierung wurde unterbrochen. Anfang des 20. Jahrhunderts konnte man die Kapelle aus Sandstein mit dem roten Ziegeldach endlich neu errichten und in den 1970er-Jahren erfolgte eine Sanierung von Grund auf. Es lohnt, für einen Moment auf einer der Wanderliegen auf dem Plateau vor der Kapelle zu verweilen und den Blick hin nach Gau-Bickelheim, zum Donnersberg und über die herbstliche Hügellandschaft schweifen zu lassen.

Den Rucksack nach der Rast geschultert, folgt ein strammer Marsch auf den Wißberg. Oben angekommen, lockt das Restaurant Gramms (www.gramms-restaurant.de) zur Einkehr. Alternativ bietet es samstags und sonntags einen prall gefüllten Picknickkorb mit allerlei Leckereien, und auch eine Picknickdecke gibt's zum Ausleihen.

Hin & weg: Von z. B. Wörrstadt Bahnhof mit Bus 678 bis Vendersheim, Kindergarten. Wer das Wißberg-Picknick genießen möchte, reist mit dem Auto an und startet ab Hofgut Wißberg.

Beste Zeit: Im Frühling oder Herbst. Besonders herrlich an einem goldenen Oktobertag.

Dauer & Strecke: Ca. 3,5 Std. reine Gehzeit für 12,9 km.

Ausrüstung: Bequeme Schuhe und Proviant. Alternativ Picknick im Restaurant Gramms vorbestellen. Infos gibt's hier: www.gramms-restaurant.de/picknicken-auf-dem-wiberg

---

Am Morgen ist das Tal von einem Nebelschleier bedeckt und am Ortsrand von Vendersheim lugt der Kirchturm zwischen den Reben hervor.

Ob mit oder ohne Proviant lässt man das Hofgut nun hinter sich und wandert einen Abschnitt entlang des Wißberger Panoramaweges, gekennzeichnet mit einem P. Während man sich vor fliegenden Golfbällen in Acht nimmt – denn auf dem Hochplateau des Wißbergs befindet sich ein Golfplatz –, wird man auf dieser Etappe von herrlichen Weitblicken verwöhnt.

Nach etwa 8,5 Kilometern hält man sich bei der Weggabelung rechts, den Wißberg hinabsteigend und die K50 vorsichtig überquerend. Die letzten zwei Kilometer sind nochmal reich an Aussichtspunkten. Zunächst erreicht man die Schutzhütte Am Gigser, ein schönes Fleckchen mit Wingertsschaukel, Wanderliege, Tischen und Bänken. Dann offenbart der Vendersheimer Turm das finale Panorama des Tages, bevor es durch das Schulgässchen zurück zum Start der Tour geht.

FAZIT: PANORAMAREICHE GENIEßERTOUR HINAUF AUF DIE ZWEITGRÖßTE ERHEBUNG RHEINHESSENS.

AUF ALTEN PFADEN

… in Alsheim

#37

Geprägt von den für Alsheim bekannten Hohlwegen, führt diese Rundtour auf 14 Kilometern durch die rheinhessische Kulturlandschaft. Eine Wanderung entlang historischer Strecken und auf den Spuren eines faszinierenden geologischen Phänomens.

#Hohlwegewanderung #aufSpurensuche #Odenwaldblick #ZypresseimNebel

In und um Alsheim macht diese Eskapade sogar triste Novembertage bunter.

Über Jahrhunderte entstanden die charakteristischen Alsheimer Hohlwege. Die steilen Böschungen entlang der Feldwege bildeten sich zum einen durch Mensch und Tier. Als Ochsenkarren durch Rheinhessen rumpelten und Kuhherden entlang der Felder getrieben wurden, gab der fruchtbare Lössboden durch die Belastung immer mehr nach und sank Stück für Stück ab. Daneben wurden die Hohlwege durch abfließendes Regenwasser geformt.

Während in vielen Gemeinden die schluchtartigen Gräben zugeschüttet wurden, findet man rund um Alsheim auch heute noch zahlreiche Wege entlang meterhoher Lösswände. Auf dieser 14 Kilometer langen Wanderung kann man dem erdgeschichtlichen Phänomen auf den Grund gehen und erlebt daneben wunderbar abgeschiedene und abwechslungsreiche Natur.

Der Rundweg startet am Friedhof in der Nähe des Alsheimer Schlosses. Von der Mühlstraße geht's den Hahlweg hinauf, der Linkskurve folgend, wo man auf den ersten Hohlweg trifft. Nach dem Anstieg orientiert man sich an der Beschilderung des Rheinterrassenweges Richtung Oppenheim, bevor man etwa

einen Kilometer später an der Gabelung links abbiegt. Wieder wandert man entlang eines Hohlweges. Mit etwas Glück kann man Eidechsen beobachten, die über das sandfarbene Sediment huschen. Wer genau hinsieht, entdeckt außerdem Spuren zahlreicher anderer Tiere wie Wildbienen, Vögel oder Füchse, denen die hohen Lösswände als Lebensraum dienen.

Hin & weg: Von z. B. Mainz mit der S6 bis Alsheim, Bahnhof. Von hier sind es ca. 10 Fußminuten bis zum Einstieg der Wanderung.

Beste Zeit: Im Herbst. Die Eskapade ist sogar an einem nebligen Novembertag vergnüglich.

Dauer & Strecke: 3,5–4 Std. reine Gehzeit. Da die Tour nicht beschildert ist, unbedingt die GPX-Datei downloaden. Möglichkeiten für ein Päuschen im Sitzen sind leider rar. Bänke gibt's lediglich am Anfang und Ende der Strecke.

Ausrüstung: Festes Schuhwerk, Proviant.

Auf einem Abschnitt des Nordic Walking Trails 4 marschiert man durch die Weinberge, bevor man sich nach zwei Kilometern abermals an der Beschilderung des Rheinterrassenweges orientiert. Kurz darauf, nach etwa 2,5 Kilometern, wartet eine etwas knifflige Stelle. Hier verlässt man den asphaltierten Pfad und biegt rechts auf einen Feldweg ab. Nochmals scharf rechts bei dem Durchfahrt-Verboten-Schild einbiegend, spaziert man über einen idyllischen Wiesenpfad und folgt nach etwa vier Kilometern dem Schild mit der Nummer 5 rechts durch die Weinberge. Der Nebel hängt tief an diesem Novembertag. Was in der Ferne wie die Spitze eines Kirchturms zwischen den Reben hervorragt, stellt sich aus nächster Nähe als einsame Zypresse heraus.

Die Strecke ist geprägt von Hohlwegen und Lösswänden, die als wichtiger Lebensraum für Tiere dienen.

Weiter der Wegkennzeichnung 5 nach geht's über einen Hohlweg an einem Pappelhain vorbei und nach etwa 7,8 Kilometern rechts einen kurzen steilen Anstieg hinauf. Rund einen Kilometer später hält man sich links und kurz darauf abermals links.

Ein kleiner Abstecher zum Aussichtspunkt Odenwaldblick offenbart ein herrliches Panorama - sofern die Sicht auf die Rheinebene nicht von einem dichten Nebelschleier versperrt wird. Für die nächste Etappe orientiert man sich wieder am Rheinterrassenweg und durchquert erneut einen eindrucksvollen Hohlweg. Am Weißmühlbrunnen lockt ein nettes Plätzchen für eine Rast; diese sind während der Wanderung leider rar. Von hier geht's der Beschilderung 4 nach.

Am alten Kelterhaus vorbei und über einen schmalen Pfad kehrt man zum Start am Friedhof zurück.

FAZIT: FACETTENREICHE TOUR AUF EINDRUCKSVOLLEM TERRAIN MIT EINER ORDENTLICHEN PORTION RUHE UND ABGESCHIEDENHEIT.

EINTAUCHEN IN DIE GESCHICHTE

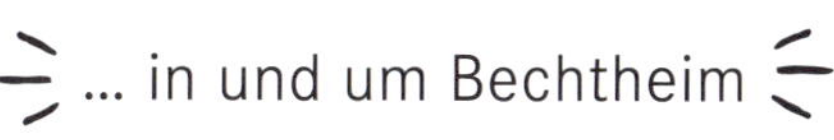

… in und um Bechtheim

#38

Kleinod im Wonnegau wird Bechtheim liebevoll genannt und hat trotz seiner beschaulichen Größe eine kulturhistorische Attraktion zu bieten: die Basilika St. Lambertus. Darüber hinaus sind die idyllischen Wege rund um das Dorf wie gemacht für eine Winterwanderung.

#Rundwanderung #Baumartenraten #Wonnegau #BasilikaStLambertus

Dick eingepackt und mit wärmendem Tee im Wanderrucksack geht's durch die stille Winterlandschaft.

Eine eigene Schwefelquelle, ein mittelalterlicher Prangerstein und eine romanische Basilika, die auf eine 1000-jährige Geschichte zurückschaut – all das und noch mehr gibt's in dem knapp 1800 Einwohner zählenden Dorf Bechtheim zu entdecken. Nicht zuletzt wollen die schönen Wonnegauer Pfade rund um die Gemeinde erwandert werden.

Diese 11,4 Kilometer lange Rundtour startet im alten Ortskern nahe dem Prangerstein und der Basilika St. Lambertus. Die Geschichte der romanischen Wallfahrtskirche, in der sich auch gotische und barocke Einflüsse finden, reicht bis ins 11. Jahrhundert zurück. An die Basilika schließt der Lambertuspark an, den man zur gemütlichen Einstimmung der Wanderung passiert. Die Grünanlage auf der Südseite verlassend, erreicht man nach wenigen Metern den Aegidius-Brunnen. Einige Stufen führen zu der Wasserstelle hinab, die Bechtheimer Frauen einst als Waschplatz nutzten und in dem sich vorbeikommende Pilger reinigten.

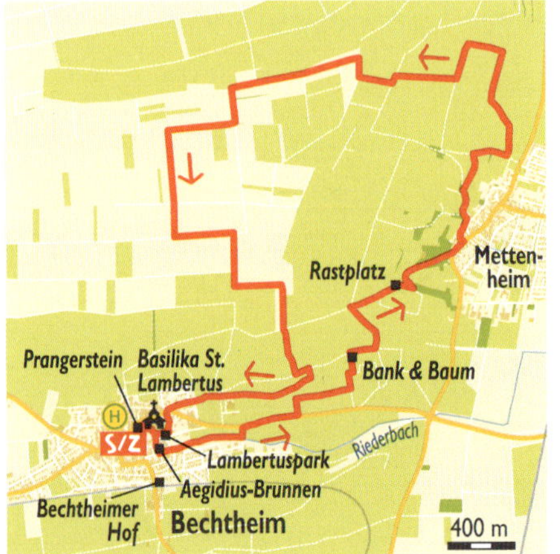

Links in die Riederbachstraße abbiegend, wandert man kurz darauf über einen Wiesenpfad entlang des Baches, bevor man sich, die

Hin & weg: Von z. B. Worms Richtung Alzey mit Bus 435 bis Bechtheim, Markt.

Beste Zeit: Ganzjährig. Hat sogar an einem grauen Wintertag seinen Reiz.

Dauer & Strecke: 3–3,5 Std. reine Gehzeit für 11,4 Kilometer. Mit Einkehr 5–6 Std. einplanen. Die Tour ist nicht beschildert, also unbedingt den GPX-Track downloaden.

Ausrüstung: Festes Schuhwerk und Proviant.

Details am Wegesrand zeigen, dass jede Jahreszeit ihren ganz eigenen Zauber mitbringt. In Bechtheim startend, bieten sich während der Tour herrliche Weitblicke.

Landstraße überquerend, in den Weinbergen wiederfindet. Nach etwa zwei Kilometern erreicht man die erste schöne Rastmöglichkeit: eine Bank unter einem majestätischen Baum. Und schon beginnt munter das Baumartenraten. Ist es eine Buche oder doch eine Eiche? Im Winter, ohne Orientierung an den Blättern, fällt die Bestimmung gar nicht mal so leicht.

Der nächste Rastplatz wartet bereits nach weiteren 800 Metern. Genauso wie ein schöner Blick auf Mettenheim, dessen Ortsrand man wenig später passiert. Über die Röhrbrunnenstraße verlässt man das Weindorf wieder und steuert nach einer ausgedehnten Runde durch die winterlichen Reben Bechtheim an. Immer wieder spaziert man dabei durch schöne Hohlwege, bis Bechtheim mit seinem markanten Schieferkirchturm ins Blickfeld gerät. Die letzten Meter geht's sanft bergab, dann steht man erneut vor den eindrucksvollen Fassaden der Basilika.

Zum Aufwärmen und Ausklingen locken die Straußwirtschaften und Weingüter der Ortschaft am Ende der Tour. Allen voran das urige Gasthaus Bechtheimer Hof (gasthaus-bechtheimer-hof.eatbu.com), in dem regionale und saisonal wechselnde Speisen serviert werden.

FAZIT: KULTUR TRIFFT NATUR MIT GENUSSVOLLEM AUSKLANG. MACHT DIE MÜDE WINTERSEELE MUNTER!

WINTER-SONNE TANKEN

… auf dem Kleinen Mainzer Höhenweg

Dichter Nebel wabert über den Feldern und die Temperaturen liegen knapp über null Grad. Nun könnte man es sich mit einem Buch zu Hause gemütlich machen. Oder man schnürt die Winterstiefel und begibt sich auf eine Wanderung in der Mainzer Umgebung.

#KleinerMainzerHöhenweg #Winterwandern #rundumMainz

Langsam sucht sich die Sonne ihren Weg durch den dichten Winternebel.

Der Kleine Mainzer Höhenweg – nicht zu verwechseln mit seinem großen hochalpinen Bruder – führt 31,7 Kilometer durch die Mainzer Umgebung. Nach Lust und Laune lässt sich die Route in Etappen einteilen. Zahlreiche Stellen bieten gute Ein- und Ausstiegsmöglichkeiten, und abwechslungsreiche Natur wartet entlang des Pfades. Noch dazu bietet sich der Mainzer Höhenweg prima zum Winterwandern an und ist besonders reizvoll an nebligen Tagen, die einen sonnigen Ausklang versprechen.

Die zweite Etappe des Kleinen Mainzer Höhenwegs verläuft auf kurzen und knackigen acht Kilometern von Ebersheim nach Ober-Olm. Wer mag, nimmt sie sich wagemutig entgegen der vorgesehenen Wanderrichtung vor. Startet also in Ober-Olm und wandert nach Ebersheim und vielleicht sogar noch weiter nach Laubenheim. Der Weg in diese Richtung ist ebenfalls gut ausgeschildert. Außerdem ein Pluspunkt: Man läuft auf weiten Teilen der Sonne entgegen.

Los geht's am Alten Forsthaus in Ober-Olm und von dort ein Stück die Allee an der Landstraße entlang, bevor man links in den Feldweg abbiegt. Beim Obsthof Eckert kann man sich an einem Automaten mit gesunden

Snacks versorgen. Danach wandert man geradewegs nach Klein-Winternheim. Die Eisenbahn- und Autobahnunterführung passierend, erreicht man schon wenig später die Kirche St. Andreas und begibt sich nach einem kurzen Abstecher in der beschaulichen Ortschaft wieder in natürliche Gefilde.

Eine besonders schöne Etappe verläuft entlang des Panoramawegs und wird vom Plätschern des Haibachs begleitet. Wenig später geht's ein gutes Stück stramm bergauf. Oben angekommen, wartet ein nettes Plätzchen für eine Rast mit einer sagenhaften Aussicht bis zum Donnersberg, dem Rheingau und dem Taunus.

Weiter entlang der Felder im Winterschlaf wandernd, ist der Mainzer Stadtteil Ebersheim schon fast zum Greifen nah. Die Turmspitze der St.-Laurentius-Kirche kündigt das Etappenziel an. Wer nach diesen acht Kilometern gerade erst auf den Geschmack ge-

Einfach loswandern, bis die Beine müde werden – oder die Füße kalt.

kommen ist, spaziert einfach weiter durch die ländlichen Charme versprühenden Straßen. Schon bald lässt man Ebersheim hinter sich und folgt abermals Feldwegen, bevor man die Ortschaft Gau-Bischofsheim streift und schließlich über eine steinerne Treppe die Marienkapelle erreicht.

In Gau-Bischofsheim findet sich wieder ein guter Ausstiegpunkt, um den Heimweg anzutreten. Ansonsten geht's immer weiter den Kleinen Mainzer Höhenweg entlang zu mehreren herrlichen Aussichtspunkten wie der Glockenberghütte am Gauberg. Schon bald gelangt man zur Laubenheimer und Bodenheimer Höhe, ein erneutes Highlight mit fantastischem Blick, bevor man im alten Ortskern von Laubenheim am Ziel der Wintertour ankommt.

FAZIT: AUCH OHNE SCHNEE EINE HERRLICHE TOUR FÜR DIE KALTE JAHRESZEIT. PERFEKT FÜR MÜDE WINTERSEELEN.

Hin & weg: Vom Mainzer Hauptbahnhof mit Bus 650 bis Ober-Olm, Forsthaus. Nach der Tour geht's von Ebersheim an der Bushaltestelle Neugasse (Linie 66, 67) zurück in die Mainzer Innenstadt. Von Laubenheim verkehren die Linien 61, 63, 64 vom Bahnhof Mainz-Laubenheim (RB) oder von der Bushaltestelle Im Brühl/Bahnhof.

Beste Zeit: An einem sonnigen Wintertag.

Dauer & Strecke: 2 Std. Gehzeit für 8 km von Ober-Olm nach Ebersheim. Wer Lust hat, wandert weiter bis Gau-Bischofsheim (9,8 km, 2,5 Std) oder zum Bahnhof Laubenheim (18,6 km, 5 Std).

Ausrüstung: Festes Schuhwerk, Proviant, Thermoskanne mit Tee.

MYSTISCH SCHÖN

… in und um Lörzweiler

Wandern entlang eisummantelter Weinstöcke und wie gezuckert scheinender Obstwiesen. Daneben Hügel erklimmen und auf schmalen Pfaden durch kleine Wäldchen streifen. Eine Tour, die all die wunderbaren Naturfacetten Rheinhessens vereint.

#Nebelwanderung #LörzweilerProvence #Abenteuerpfad

Symbol des Sommers mit frostigem Überzug, und auch um die Rebstöcke glitzert es silbern.

Rund zwölf Kilometer Luftlinie von Mainz entfernt liegt Lörzweiler mit dem 175 Meter hohen Königstuhl am Ortstrand. Hier soll vor langer, langer Zeit – genauer gesagt 1024 – Konrad II. zum König gewählt worden sein. Bekannt ist die Gemeinde außerdem für ihre wunderbar abwechslungsreichen Wanderpfade, die sogar an einem nebligen Januartag Lust auf einen Ausflug machen.

Eine 14,3 Kilometer lange Rundtour startet nahe dem Friedhof und führt geradewegs durch die Weinberge sowie entlang der eisigglitzernden Reben. Nach einer Biegung nach rechts kommt man an einem Kreuz vorbei. Von dort geht's weiter über einen schmalen, verwunschenen Pfad durch das Lörzweiler Wäldchen. Wie ein leuchtend grüner Teppich erstreckt sich Moos auf beiden Seiten des

Gleich zu Beginn der Tour lockt ein verwunschener Pfad durch das Lörzweiler Wäldchen.

Weges, und wer genau hinschaut, entdeckt immer wieder die kleinen Wunder der Natur. Da wären scharlachrote Kelchbecherlinge, die sich auf dem Winterwaldboden wohl fühlen, und eine kleine perlenweiße Schnecke, gebettet auf dem weichen Moos.

Den Weg durch das Wäldchen bahnt man sich über und unter herabgestürzte Bäume und weiter durch die Weinberge. Die Route verläuft zu einem Anglerteich und durch eine Allee sowie durch Obstplantagen. Manch einen mag die Vorfreude auf blühende und duftende Kirschbäume überkommen. Aber auch im Winter zeigt die Natur ihren einzigartigen Zauber.

Über eine Kuppe wandernd, taucht Harxheim im Nebel auf, und es geht im Zickzack durch den Ort. Bevor man Harxheim über die Straße am Börnchen verlässt, kreuzt man den Amiche-Radweg (Eskapade #25). Nach einem kurzen, steilen Anstieg schlägt man den Weg nach links ein und entdeckt kurz darauf an der Weinbergskapelle eine Wanderliege – perfekt für alle, die für einen Moment verschnaufen möchten.

Die Landstraße vorsichtig überquerend, erreicht man nach 5,7 Kilometern den Schlossbergturm. Wenn sich Rheinhessen nicht gerade hinter einem dichten Nebelschleier versteckt, genießt man von hier einen herrlichen Blick auf Harxheim und die umliegenden Weinbergslagen. Neben dem Turm warten Tisch und Bänke für eine kurze Rast. Alternativ bietet sich nach 6,1 Kilometern eine Wanderliege für ein Päuschen an. An lauschigen Picknickplätzen mangelt es bei dieser Tour in der Tat nicht. Nach 7,8 Kilometern spaziert man am Wingertsheisje am Joachims Kreuz vorbei und etwa einen Kilometer später taucht das Wingertsheisje am Dechenberg im Nebel auf. Von da führt ein Wiesenweg zwischen Wein und Hagebuttensträuchern bergab. Die Landstraße ein zweites Mal kreuzend, folgt wenig später eine Etappe über eine alte Bahntrasse. Kurz darauf passiert man einen hübsch angelegten mediterranen Park, auch als Lörzweiler

---

Hin & weg: Zwischen Mainz und Alzey fährt die Buslinie 660 mit Halt in Lörzweiler, Haltestelle Kirche.

Beste Zeit: An einem nebligen Wintertag.

Dauer & Strecke: Ca. 4 Std. reine Gehzeit für 14,3 Kilometer. Keine Ausschilderung. Smartphone mit GPX-Track ist erforderlich.

Ausrüstung: Warme Kleidung, Thermoskanne mit Tee und ausreichend Verpflegung.

Eine Allee führt Wanderer am Anglerteich vorbei. Wer genau hinschaut, entdeckt vielleicht die seltenen scharlachroten Kelchbecherlinge auf dem Waldboden.

Provence bekannt. Auf den letzten Abschnitt erreicht man nach 12,7 Kilometern eine Weggabelung und nimmt den Wiesenpfad halbrechts durch das frostige Rebenmeer zurück zum Startpunkt.

FAZIT: ANSPRUCHSVOLLE TOUR MIT ZAHLREICHEN SCHMANKERLN ENTLANG DES WEGES UND INDIANA-JONES-ELEMENTEN.

3. KAPITEL MINIURLAUB

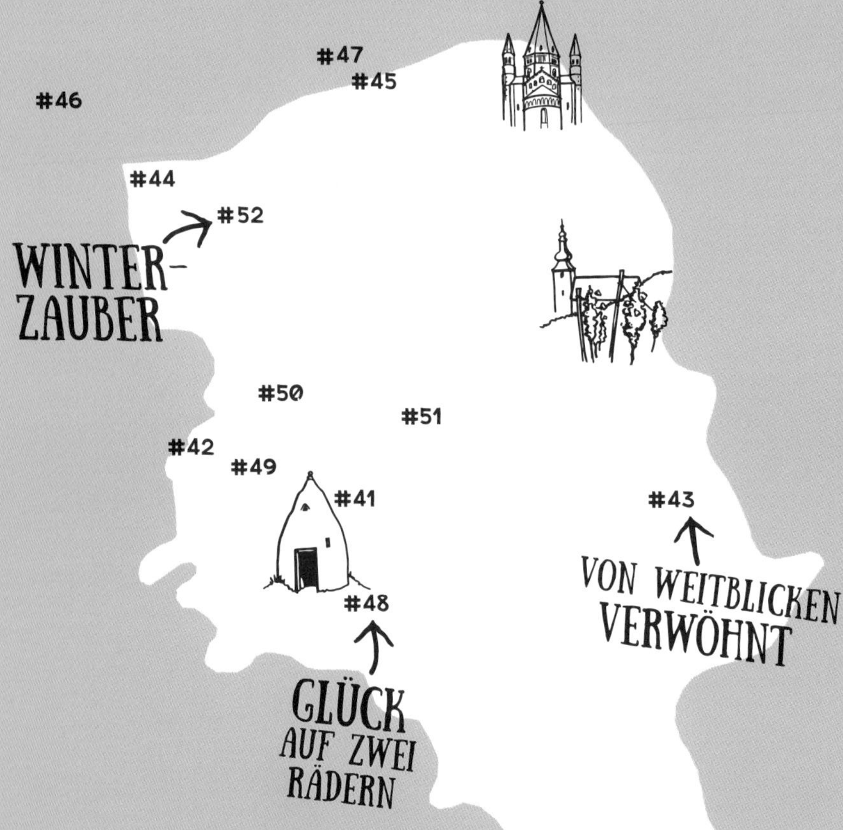

Ferien für ein Wochenende

36H

Ob Auszeit auf dem Bauernhof, probepilgern oder eine Nacht unterm Sternenhimmel verbringen – ein Wochenende kann sich anfühlen wie große Ferien!

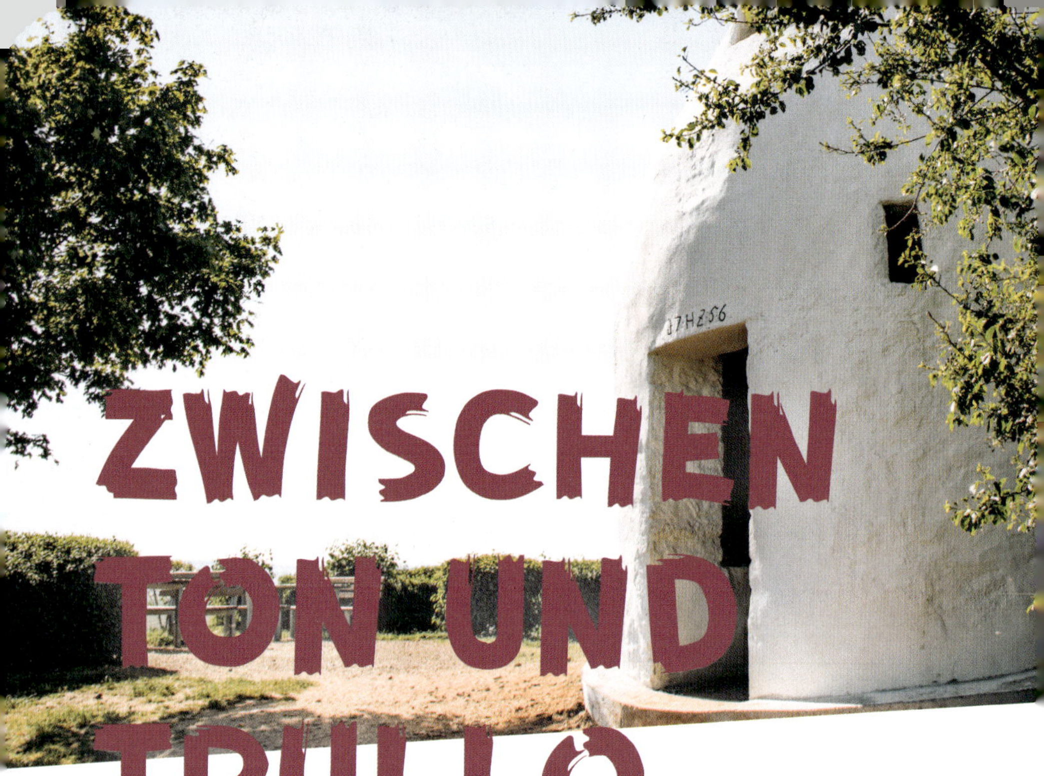

ZWISCHEN TON UND TRULLO

... in Flonheim

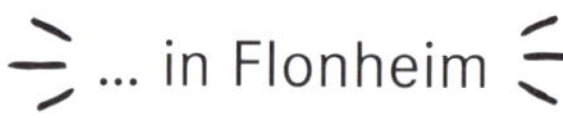

#41

Über die Hiwwel der Rheinhessischen Schweiz wandern, ein Stückchen Apulien in Deutschland ausfindig machen und Skulpturen unter freiem Himmel bestaunen. Dieser Wochenendtrip schmeichelt der Entdeckerlaune und verbindet Natur mit Kunst und Genuss.

#AulheimerTal #Weinberghäuschen #RheinhessischeSchweiz #KunstimGarten

Die Eingangspforte des jüdischen Friedhofs, der vermutlich um 1830 eröffnet wurde.

Die Rheinhessische Schweiz ist ein besonders herrliches Fleckchen und verzaubert mit hügeligen Landschaften, durch die sich malerische Wanderpfade winden. Ausgangspunkt, um die Region bei diesem Wochenendausflug zu erkunden, ist das Weindorf Flonheim, das neben seinem historischen Ortskern und dem romantischen Wiesbach mit einer außergewöhnlichen Kunstsammlung überrascht. Ein drei Kilometer langer Streifzug führt zu dem mitten in Flonheim liegenden Anwesen eines ehemaligen Weinguts, wo das Lebenswerk des Künstlers Eberhard Linke präsentiert wird. Manch einer ist den Figuren und Brunnenanlagen vielleicht schon anderswo begegnet, denn die Arbeiten Linkes zieren zahlreiche Orte in ganz Deutschland. Bei einem Rundgang durch den Park und die Scheune können immer samstags die eindrucksvollen Skulpturen des Bildhauers bestaunt werden. Zum genussvollen Finale laden die Weingüter von Flonheim ein.

Gleich mehrere Aussichtspunkte versprechen herrliche Panoramen entlang der Hiwwel-Tour am zweiten Tag.

Ideal, um am zweiten Tag die Crème de la Crème der rheinhessischen Schweiz zu erkunden, ist die ausgeschilderte Hiwweltour Aulheimer Tal. Los geht's in der Adelbergstraße, wo man nach Verlassen des Ortskerns schon bald das schwere Eisentor des Jüdischen Friedhofs erblickt.

Kurz darauf lockt das urige Naturfreundehaus mit einer Erfrischung, bevor es sich auf einer Etappe des Naturpfades besonders herrlich wandern lässt. Sie führt über verwunschene Waldwege und an imposanten Sandsteinbrüchen vorbei. Der berühmte Flonheimer Sandstein diente zur Errichtung zahlreicher altehrwürdiger Bauwerke, darunter der Kölner und der Mainzer Dom. Zwischen Waldrand und Rebenmeer geht's weiter samt herrlichem Blick auf Bornheim. Wer sich an dem Panorama nicht sattsehen kann, macht es sich auf einer Wanderliege gemütlich. Aber nur für einen Moment, denn es wartet schon

---

Hin & weg: Von Alzey mit Bus 446 bis Flonheim, Marktplatz.

Beste Zeit: An einem sonnigen Frühlings- oder Herbsttag. Der Skulpturengarten (www.stiftung-linke.de) öffnet samstags von Mai–Oktober.

Dauer & Strecke: 1,5–2 Tage für 3 km Streifzug durch Flonheim und Skulpturengarten an Tag 1 und die 13,5 km lange Wanderung an Tag 2.

Ausrüstung: Festes Schuhwerk, Kopfbedeckung, Sonnencreme.

Wenn es Nacht wird: Das Winzerhotel La Roche (www.winzerhotel-la-roche.de) ist besonders für Freunde der veganen Küche ein Highlight. Außerdem empfehlenswert sind das Landhotel Strubel-Roos (www.strubel-roos.de) und die Dohlmühle (www.dohlmuehle.de).

In Flonheim selbst lohnt es, die in einem Garten ausgestellten Werke des Künstlers Eberhard Linke zu besichtigen.

das nächste gemütliche Plätzchen unterm Kirschbaum.

Nach der Oswaldhöhe und dem gleichnamigen Aussichtspunkt wandert man immer wieder auf schmalen Pfaden durch heimischen Urwald. Auf einer Lichtung ragt der Lonsheimer Turm über die Baumkronen. Wer mag, klettert die Stufen der Wendeltreppe empor. Alternativprogramm: Päuschen auf einer der zahlreichen Picknickbänke.

Nun windet sich der Weg durch saftige Wiesen, gekrönt mit herrlichen Weitblicken, bevor das Wahrzeichen Flonheims erreicht wird. Das weiß getünchte Trullo strahlt mit dem Blau des Himmels um die Wette. Bekannt sind die trutzigen Rundhäuschen mit Spitzdach vor allem in Süditalien. Gastarbeiter aus Apulien sollen das Flonheimer Trullo Mitte des 18. Jahrhunderts errichtet haben. Was für ein Glück, denn das Weinberghäuschen samt gemütlichen Bänken ist ein wunderbares Ausflugsziel, um sich an der herrlichen Landschaft Rheinhessens zu erfreuen.

Bereit, arrivederci zu sagen und sich auf die Zielgerade zu begeben? An imposanten, vulkanischen Andesitbrüchen vorbei und entlang einer ehemaligen Bahntrasse geht's zurück zum Startpunkt in Flonheim.

FAZIT: NATUR, KUNST UND GENUSS – MIT EINER ORDENTLICHEN DOSIS URLAUBSFLAIR.

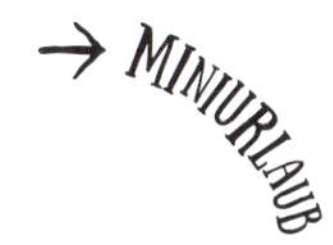

RAUS AUFS LAND

#42

Schäfchenwolken zählen, einen Strauß Blumen pflücken und sich morgens vom Gackern der Hühner wecken lassen. Ein Wochenende auf dem Bauernhof lässt Kindheitserinnerungen keimen und aufleben.

#FerienaufdemBauernhof #fachwerkverliebt #LamaNandu&Co

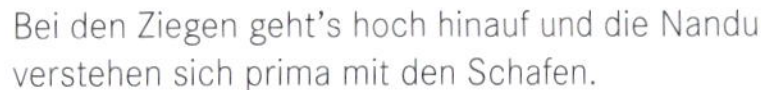

Bei den Ziegen geht's hoch hinauf und die Nandus verstehen sich prima mit den Schafen.

Am Rande von Hackenheim liegt zwischen Weinberghügeln und weiten Feldern der Bonnheimer Hof. Bis ins 13. Jahrhundert reicht die Geschichte des Anwesens zurück. Heute dient der Hof mit seinem mediterranen Ambiente als Ort zum Feiern und Genießen sowie um den Alltag hinter sich zu lassen. Insbesondere für Familien mit Kindern ist er ein Anziehungspunkt und sogar Grund für einen Freudentaumel. Denn rund um die historischen Gebäude wird jede Menge Platz geboten, beispielsweise zum Laufradfahren, Picknicken und Fangenspielen. Hauptattraktion sind zweifellos die vielen tierischen Hofbewohner. Neben Ziegen, Hochlandrindern und Eseln stolzieren Nandus über die Wiesen. Und auch Lamas fühlen sich auf der saftig grünen Wiese pudelwohl.

Spätestens beim Blick auf die Speisekarte strahlen dann nicht nur die Kinderaugen. Auf der Sonnenterrasse und im idyllischen Innenhof unter der mehrere Hundert Jahre alten Platane werden Klassiker der gutbürgerlichen Küche serviert. Dazu gibt's ein Glas Wein vom Familienweingut.

Rund um den Hof erstrecken sich schöne Spazierwege. Perfekt, um eine Nachmittagsrunde durch die Reben, entlang des Hackenheimer Baches und die Felder zu drehen. Wer sich auf einer Miniwanderung die Beine vertreten möchte, erklimmt den Kirchberg und besichtigt das Hackenheimer Kapellsche, bevor der Abend im Bonnheimer Hof ausklingt und man sich schließlich in die gemütlichen Gästezimmerbetten fallen lässt.

Auch der nächste Tag steht ganz im Zeichen der Bauernhofromantik. Beim Frühstück ist Selbstversorgen angesagt. Für den ersten Schluck Kaffee steht eine Maschine im Gästehaus-Gebäude bereit und in Hackenheim findet man mehrere Bäckereien. Für einen

---

Hin & weg: Am besten mit dem Auto anreisen. Kostenlose Parkplätze gibt's ausreichend direkt am Bonnheimer Hof.

Beste Zeit: Hat zu jeder Jahreszeit seinen Reiz, besonders schön aber an einem sonnenverwöhnten Frühlings- oder Sommerwochenende.

Dauer & Strecke: 2 Tage. Für die 7,2 km lange Miniwanderung 2 Std. reine Gehzeit einplanen.

Ausrüstung: Festes Schuhwerk.

Wenn es Nacht wird: Der Bonnheimer Hof (www.bonnheimerhof.de) bietet Gästezimmer, Ferienwohnungen und Wohnmobilstellplätze.

Umgeben von viel Grün in allen Schattierungen liegt der Bonnheimer Hof im Westen Rheinhessens. Dort blickt man in zufriedene Gesichter, ob bei Mensch oder Tier.

ausgedehnten Brunch ist das Café Wahl im nahe gelegenen Bad Kreuznach eine gute Adresse. Dann wollen die Tiere begrüßt werden. Eine Ziege ist schon besonders munter und steigt meckernd die Stufen des Backsteintürmchens hinauf.

Nach ausgiebigem Rutschen und Schaukeln heißt es dann Abschied nehmen vom Landleben. Aber nicht ohne einen bunten Strauß Blumen im Gepäck. Die gibt's zum Selbstpflücken auf dem Feld an der Hofausfahrt.

FAZIT: RAUS AUS DEM ALLTAGSTROTT UND HINEIN IN DIE ENTSPANNTE AUSZEIT FÜR DIE GANZE FAMILIE.

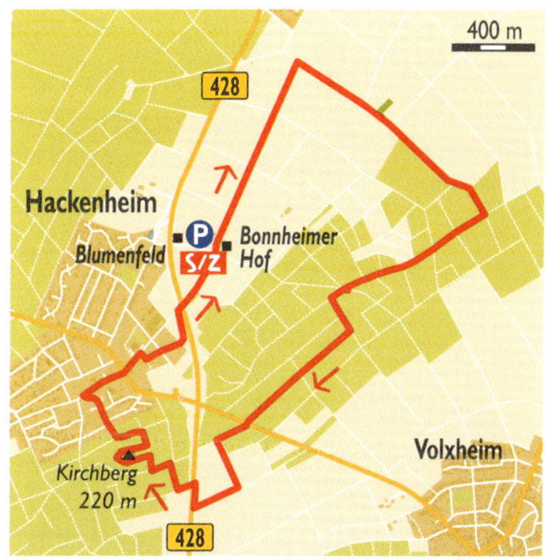

POST-KARTEN-REIF

... von Guntersblum nach Bodenheim

Wenn eine Aussicht die nächste jagt und man den Abend mit einem Glas Wein ausklingen lässt, dessen Trauben an den Hängen wachsen, an denen man gerade noch vorbeigewandert ist, unternimmt man vermutlich eine Tour auf dem Rheinterrassenweg. Der Klassiker unter den rheinhessischen Wanderpfaden.

#zwischenRhein&Wein #AltesAmtsgericht #schönsteWeinsicht

Am Etappenziel des ersten Tages bleibt genügend Zeit für Genussmomente in Oppenheim.

Auf 75 Kilometern verläuft der Rheinterrassenweg von Worms nach Mainz und schlängelt sich dabei durch die einzigartige Kulturlandschaft Rheinhessens. Die vielleicht schönste Strecke führt von Guntersblum bis nach Oppenheim und weiter über Nierstein und Nackenheim bis nach Bodenheim. Wanderer sind hier, abgesehen von ein paar Unterbrechungen, von Weinreben und phänomenalen Panoramen umgeben – und natürlich ist auch der Rhein ein treuer Begleiter.

Los geht's in Guntersblum immer dem grünweißem Schild folgend am legendären Kellerweg vorbei, und schon taucht man ein in das herrliche Rebenmeer. Am Römerturm bietet sich die erste von zahlreichen fantastischen Aussichten auf der Tour. Vom Anblick losgerissen, passiert man verwunschene Pfade und das romantische Sassenbachtal. An Ludwigshöhe vorbei, erscheint Oppenheim zum Greifen nah, und in der Ferne erhascht man bereits einen Blick auf die Unterkunft für die-

Ein vertrautes Bild auf dem Rheinterrassenweg – Weintrauben von Grün bis Violett.

se Nacht. Das geschichtsträchtige Alte Amtsgericht thront über dem Marktplatz und liegt fast Aug in Aug mit der Katharinenkirche.

Mit der Ankunft in Oppenheim ist das Etappenziel des Tages erreicht, und einem genussvollen Ausklang in dem mittelalterlichen Städtchen steht nichts im Wege. Wie wär's mit einem Streifzug durch die liebevoll restaurierten Altstadtgassen und über den Marktplatz mit Stippvisite an der imposanten gotischen Kirche?

Wer mag, lässt die Wanderschuhe gleich an und überwindet die letzten Höhenmeter des Tages zur Ruine Landskrone, ein kurzer und knackiger Aufstieg. Alternativ macht man sich es erst mal mit einem Glas Wein auf der idyllischen Terrasse des Alten Amtsgerichts (www.altesamtsgerichtoppenheim.de) gemütlich, bevor man bei La Piazza (www.lapiazza-oppenheim.de) dem italienischen Dolce Vita frönt.

Am nächsten Tag hat man eine stolze Strecke von 18 Kilometern bis nach Bodenheim vor sich. Wem das zu weit ist, der findet auch nach zwölf Kilometern in Nackenheim eine gute Ausstiegsmöglichkeit. Doch zunächst führt der Rheinterrassenweg durch das Weinstädtchen Nierstein mit seinem hübschen historischen Ortskern. Glücklicherweise verläuft der Wanderweg mitten hindurch, und die Lokale am Marktplatz laden zu einer ersten Pause ein.

Egal, ob man verweilt oder gleich weiterzieht: Lässt man Nierstein an der Kilianskirche hinter sich, lohnt ein Blick zurück. Denn hier bietet sich ein herrliches Panorama. Wohlgemerkt eines von vielen auf den nächsten

Eine schöne Terrasse und Schlafgemache umgeben von geschichtsträchtigen Mauern bietet das Alte Amtsgericht. Bevor es in die Koje geht, gibt's in Oppenheim viel zu entdecken, wie den Kapellengarten bei der St. Katharinen-Kirche.

Kilometern. Zunächst geht's über einen herrlichen Abschnitt am Roten Hang entlang. Beim Betrachten der rostroten Erde bleibt kein Zweifel, woher die Gegend ihren Namen hat.

Nach weiteren spektakulären Aussichtspunkten wie dem Brudersberg taucht Nackenheim in der Ferne auf. Hat man den Ortskern durchquert und die Treppe an der Kirche erklommen, folgt der letzte schweißtreibende Anstieg, ehe die letzte Etappe meist gemütlich und sanft bergab nach Bodenheim führt.

FAZIT: DER WANDERWEG MIT KULTFAKTOR VERSPRICHT EINE GENUSS- UND AUSSICHTSREICHE AUSZEIT.

Hin & weg: Von z. B. Mainz oder Worms mit der S6 nach Guntersblum. Die S-Bahn verkehrt auch vom Ziel der Wanderung in Nackenheim oder Bodenheim.

Beste Zeit: Im Frühling oder zum Sommerauftakt. Montags haben die meisten Restaurants in Oppenheim Ruhetag.

Dauer & Strecke: 2 Tage für 10,4 km an Tag 1 und 18 km an Tag 2. Alternativ kann man sich schon in Nackenheim mit der S-Bahn heimwärts chauffieren lassen.

Ausrüstung: Bequeme Schuhe (turnschuhtaugliche Tour), Proviant und Wasser, Kopfbedeckung, Sonnen- und Mückenschutzmittel.

Wenn es Nacht wird: Das Alte Amtsgericht in Oppenheim liegt genau auf der Strecke. Eine Übernachtung in dem altehrwürdigen Gemäuer mit individuell eingerichteten Zimmern und idyllischer Terrasse ist sehr zu empfehlen.

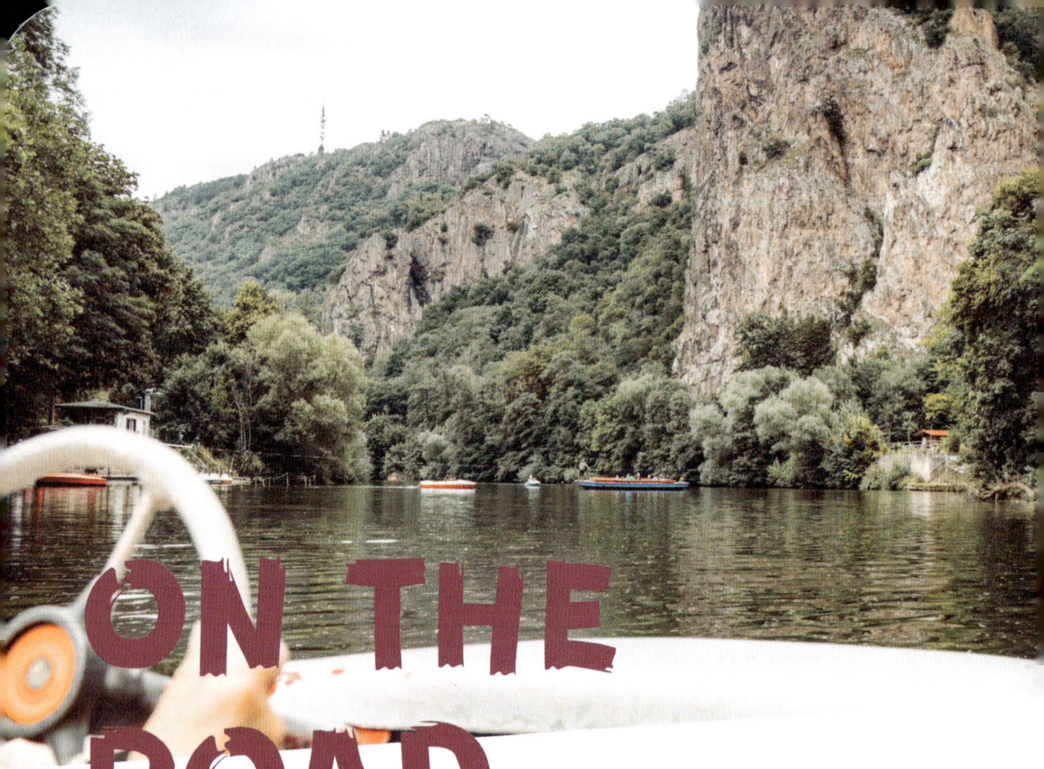

ON THE ROAD

… entlang der Nahe

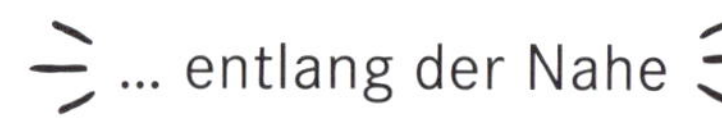

#44

Von Bingen bis Bad Münster am Stein-Ebernburg führt dieser Wochenend-Roadtrip mit zahlreichen Stationen und Highlights entlang der Strecke. Von der Erkundung eines vorgeschichtlichen Felsenklosters über eine Mini-Bootstour auf der Nahe bis zu einer Wanderung am majestätischen Rotenfels ist alles dabei.

#Roadtrip #Brückenhäuser&Felsenkloster #alwaystakethescenicroute #Rotenfels

In den Straßen Bad Kreuznachs lohnt es sich, den Blick auch mal nach oben zu richten.

→ MINIURLAUB …

Der Nahe von ihrer Mündung in den Rhein folgt man bei diesem Roadtrip nach Bretzenheim und Bad Kreuznach sowie in den Kreuznacher Stadtteil Bad Münster am Stein-Ebernburg. Dabei verlaufen weite Abschnitte der Route über die Naheweinstraße und die Deutsche Alleenstraße. Es geht also stets der landschaftlich reizvollsten Strecke nach. Unterwegs lädt eine Reihe eindrucksvoller Orte dazu ein, die Region zu Fuß zu erkunden, sodass man mindestens zwei Tage für die Tour einplanen sollte.

Das Rhein-Nahe-Eck in Bingen ist die erste Station. Dort, wo sich die Nahe in den Rhein ergießt, offenbart sich eine schöne Aussicht auf das Obere Mittelrheintal, das seit 2002 zum UNESCO-Welterbe zählt. Zurück im Auto wartet nach etwa 16 Kilometern in Bretzenheim das nächste Highlight der Tour. Außerhalb der Ortschaft verbirgt sich in einer roten Felswand ein Kloster, das in vorgeschichtlicher Zeit wohl als heidnische Kultstätte genutzt wurde und als einzige Felseneremitage nördlich der Alpen gilt. Bis 1827 bewohnten Eremiten die einfachen Räumlichkeiten, die im Rahmen von Führungen besichtigt werden können. Von außen kann man das Felsenkloster jederzeit und für lau besuchen. Anschließend fährt man über die Naheweinstraße nach Bad Kreuznach.

Die Kurstadt hält eine ganze Reihe Sehenswürdigkeiten und Outdooraktivitäten bereit. Neben der historischen Neustadt, dem Kurpark mit seinen Gradierwerken und den Brückenhäusern findet man abseits der bekannten Touristenspots auch ruhige Oasen. Am Hombes Briggelche zum Beispiel lässt es sich wunderbar für einen Moment am Ellerbach verweilen.

Die Felseneremitage in Bretzenheim ist die zweite Station während des Roadtrips.

Um sich einen Überblick über Bad Kreuznach mit all seinen Vorzügen zu verschaffen, folgt man dem Panoramaweg auf rund sechs Kilometern von der Altstadt entlang der Nahe bis zum Kurpark und auf der anderen Uferseite zurück in die Innenstadt.

Am nächsten Morgen geht's in den nächsten Kurort: nach Bad Münster am Stein-Ebernburg. Hoch über dem Nahetal wacht die Burg, die dem Kreuznacher Stadtteil ihren Namen verlieh. Direkt am Kurpark kann man eine kleine Runde mit dem Tretboot drehen. Alternativ schippert man mit der handgezogenen Fähre auf die andere Uferseite zum Huttental. Dort bietet sich eine Minitour zur Burgruine Rheingrafenstein an. Überhaupt ist die Umgebung rund um Bad Münster am Stein-Ebernburg prädestiniert für kleinere oder größere Wanderabenteuer. Insbesondere der berühmte Rotenfels lässt das Herz höher schlagen. Rund um das Bergmassiv mit seiner charakteristischen roten Farbe und den steil zur Nahe abfallenden Felswänden verlaufen ausgeschilderte Premiumwanderrouten in unterschiedlichen Längen und Schwierigkeitsgraden. Selbst die nur 3,1 Kilometer lange Introtour führt über herrliche Pfade durch den Wald und entlang der Felskante bis zur Rotenfels-Bastei und offenbart ein atemberaubendes Panorama über das Nahetal bis hin zum Nordpfälzer Bergland.

Hin & weg: Wochenendgepäck ins Auto und los geht's. Gestartet wird in Bingen, dann geht's an der Nahe entlang. In Bad Kreuznach endet der Roadtrip.

Beste Zeit: Im Sommer.

Dauer & Strecke: Mindestens 2 Tage für etwa 30 km Fahrt und diverse Stopps einplanen. Für den Panoramaweg (6 km) in Bad Kreuznach benötigt man 2–2,5 Std. Für die 3,1 km lange Introtour am Rotenfels etwa 1 Std.

Ausrüstung: Wanderkleidung, feste Schuhe, Trinkflasche, Proviant, Sonnencreme und Kopfbedeckung.

Wenn es Nacht wird: Entlang der Strecke liegen zahlreiche Herbergen. In Bad Kreuznach ist das Landhotel Kauzenberg (landhotel-kauzenberg.de) eine gute Adresse und bietet kostenlose Parkplätze direkt an der Unterkunft.

FAZIT: ROMANTISCHER UND ABENTEUERLICHER NAHE-ROADTRIP. DIE PERFEKTE MISCHUNG FÜR EIN ABWECHSLUNGSREICHES WOCHENENDE.

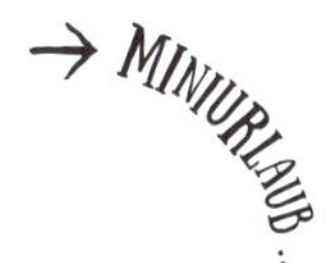

SOMMER-NACHTS-TRAUM

… in Heidenfahrt

#45

Vor der Hochsommerhitze ins kühle Nass entfliehen, in der Hängematte schaukeln und nachts Sternschnuppen zählen. In Heidenfahrt schlagen die Herzen von Sommerkindern, Wasserratten und Grillmeistern höher.

#Inselrhein #schmeißschonmaldenGrillan #Sternschnuppennächte

Gleich hinter dem Deich liegt der Heidesheimer Ortsteil Heidenfahrt. Hier erstreckt sich auf 500 Metern entlang des Rheinufers der Campingplatz Inselrhein und verheißt die pure Sommerseligkeit. Ein Ort zum Entspannen, Planschen, Schlemmen und um all die Freuden der warmen Jahreszeit zu genießen.

Zu beiden Seiten des Campingplatzes verlaufen am Rhein herrliche Spazierpfade. Wählt man den Uferweg zur Linken, passiert man Streuobstwiesen und urwüchsige Abschnitte. Immer mal wieder öffnet sich der Blick auf lauschige Buchten. Die beliebteste ihrer Art findet man, wenn man dem Rhein vom Campingplatz aus stromaufwärts folgt. Nach etwa 500 Metern erreicht man eine kleine Oase mit feinem Sand und sich leicht in den Fluss absenkendem Ufer. Also nichts wie raus aus den Sandalen, um die Füße im kühlen Wasser zu erfrischen. Vom Schwimmen im Rhein wird allerdings wegen der unberechenbaren Strömung dringend abgeraten.

Zurück an Land erfreut man sich an dem leuchtend blauen Panorama, legt sich neue Sommersprossen zu oder baut eine Sandburg. Direkt am Campingplatz laden XXL-

---

Hin & weg: Sack und Pack ins Auto werfen und nach Heidenfahrt düsen.

Beste Zeit: Im Sommer mit der Aussicht auf eine sternenklare Nacht.

Dauer: 2 Tage.

Ausrüstung: Zelt, Luftmatratze, Schlafsack, Strandtuch, evtl. Grill und Grillgut.

Wenn es Nacht wird: Ab auf den Campingplatz Inselrhein (www.inselrhein.de). Wer in einem kleinen Zelt übernachtet, kann einfach spontan kommen und braucht sich im Vorfeld nicht anzumelden.

Barfuß über grüne Wiesen spazieren, grillen mit Freunden und die Abende am Wasser bis zum letzten Sonnenstrahl auskosten – Sommertage in Rheinhessen.

Hängematten zum Schaukeln ein. Hier lässt es sich aushalten. Zumindest, bis der Magen anfängt zu knurren. Dann ist es Zeit für einen weiteren hochsommerlichen Genuss: eine gepflegte Grill-Session samt farbenfrohem Finale am Himmel.

Wer ohne Grillgut anreist, den lockt das Restaurant des Inselrheins mit einem vielfältigen kulinarischen Angebot. Serviert werden Gerichte aus überwiegend regionalen Zutaten in Bioqualität.

Im Anschluss widmet man sich wieder dem klassischen Campingleben. Bei einer Partie UNO zum Beispiel. Und erst, wenn der letzte Kerzendocht runtergebrannt ist, kriecht man ins Zelt, um sich von der Melodie Flussbrandung Nummer 1 sanft in den Schlaf wiegen zu lassen.

FAZIT: ZELT, GRILL UND GUTE GESELLSCHAFT: ES BRAUCHT NICHT VIEL FÜR EIN UNBESCHWERTES SOMMERWOCHENENDE.

IM LAND DER BURGEN

... in Trechtingshausen

#46

Umgeben von spannenden Geschichten und Legenden geht's vor den Toren Rheinhessens auf Entdeckungstour. Die Zeitreise beginnt an der märchenhaften Burg Reichenstein und verspricht neben Wanderpanoramen eine Übernachtung der royalen Art.

#RheinBurgenWeg #UNESCOWelterbe #BurgfräuleinfüreineNacht #Rheinromantik

Sich einmal wie eine Burgherrin oder ein Burgherr fühlen – in der Burg Reichenstein werden Träume Wirklichkeit.

Am Rande von Rheinhessen gibt's ein von der UNESCO ausgezeichnetes Welterbe zu entdecken: Das Obere Mittelrheintal lockt mit seinen sagenumwobenen Baudenkmälern, eindrucksvollen Landschaftsbildern und nicht zuletzt einer gehörigen Portion Rheinromantik Gäste aus aller Welt in die Region. Dabei wollen natürlich auch die herrlichen Pfade zwischen Reben und Wäldern erkundet werden.

Doch bevor man die Wanderschuhe schnürt, lautet die erste Station Burg Reichenstein in Trechtingshausen (www.burg-reichenstein.com), um einzutauchen in Geschichten über Raubritter, geheimnisvolle Grabplatten und das Leben zu Hofe. Spannendes bietet das Burgmuseum mit seiner umfangreichen Sammlung von Exponaten der letzten Jahrhunderte und authentische Einblicke in das Leben der einflussreichen Familie Kirsch-Puricelli. Der Audioguide ist sehr zu empfehlen!

Rund um die Burg lädt das Morgenbachtal zu überraschenden Wanderungen ein (Eskapade #22), diesmal zu einer herrlichen Etappe des Rheinburgenweges. Auf der linken Seite des Flusses führt der Fernwanderweg über fast 200 Kilometer von Bingen bis nach Re-

magen. Die heutige Etappe startet gleich an der Burg und schlängelt sich knapp zehn Kilometer durch herrlichen Mischwald zwischen Trechtingshausen und Niederheimbach, wo man sich von der Mittelrheinbahn eine Station zurück zum Start chauffieren lassen kann. Um längere Wartezeiten zu vermeiden, ist es jedoch sinnvoll, die Zugfahrt noch vor Beginn der Wanderung zu erledigen. Also von Trechtingshausen in vier kurzen Mi-

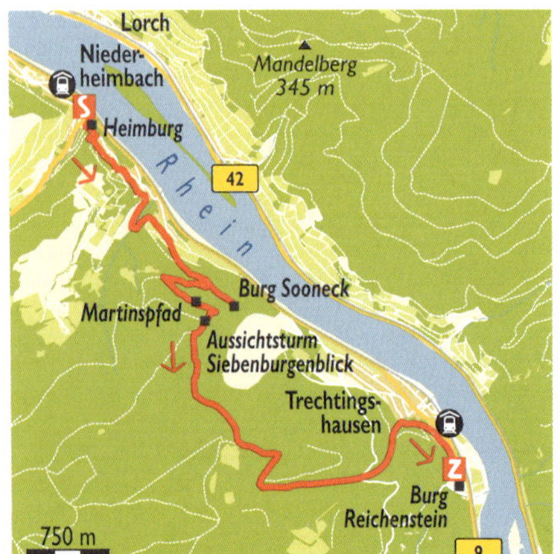

Hin & weg: Von Mainz fahren der RE2 und die RB26 über Ingelheim, Gau-Algesheim und Hauptbahnhof Bingen nach Trechtingshausen.

Beste Zeit: Im Spätsommer oder an einem freundlichen Herbsttag.

Dauer & Strecke: 2 Tage für die Burgbesichtigung inkl. Museumsbesuch am 1. und die knapp 10 km lange Wanderung (ca. 3,5 Std. reine Gehzeit) am 2. Tag.

Ausrüstung: Wanderschuhe, Wanderrucksack, Proviant und evtl. Fernglas.

Wenn es Nacht wird: Einmal als Burgherr oder als Burgherrin fühlen. Dieser Traum wird in den individuellen und geschmackvollen Gemächern der Burg Reichenstein wahr.

Mal mit weiten Blicken ins Rheintal, mal ursprünglich und verwunschen zeigt sich die Landschaft um Trechtingshausen. Auch auf der Burg selbst gibt's viel zu entdecken.

nuten nach Niederheimbach zu düsen und den Weg von da gemütlich bis zur Burg Reichenstein zurückzulaufen.

Von Niederheimbach losspaziert, erreicht man schnell die erste Festung. Die Heimburg, auch als Burg Hohneck bekannt, thront seit Ende des 13. Jahrhunderts über Niederheimbach und ist in Privatbesitz, weshalb sie nur von außen bewundert werden kann. Dafür stößt man nach etwa drei Kilometern auf eine öffentlich zugängliche Festungsanlage. Die märchenhafte Burg Sooneck (www.burg-sooneck.com), die am Rande des Soonwaldes an einem Hang zu kleben scheint, verführt mithilfe frisch gebackener Waffeln zur ersten Rast zwischen rosenumrankten Gemäuern.

Anschließend geht's auf denselben 600 Metern zurück zum Rheinburgenweg, wo ein knackiger, aber umso malerischer Anstieg auf dem Martinspfad wartet. Vorbei an moosbewachsenen Felsen öffnet sich kurz darauf der Blick über das Rheintal. Nach einer abermals abenteuerreichen Kraxelpartie erreicht man den Aussichtsturm Siebenburgenblick. Die Stufen erklommen, heißt es nun Ausschau halten nach den sieben Festungen. Eine Tafel soll dabei helfen, doch es ist fast ausgeschlossen, alle sieben Burgen ohne Fernglas zu erspähen. Also lieber noch mal am spektakulären Panorama erfreuen, bevor schöne Waldpfade zurück zur Burg Reichenstein führen.

FAZIT: PANORAMEN, HISTORIE UND KÖNIGLICH NÄCHTIGEN. NACH ZWEI TAGEN AM MITTELRHEINTAL WÜRDE MAN DIE ZEIT AM LIEBSTEN NOCH MAL AUF ANFANG STELLEN.

IM TAL DER TAUSEND STERNE

... im Rheingau

Bei diesem Abenteuer verschlägt es uns auf die ebsch Seit. Rund um das geschichtsträchtige Kloster Eberbach locken tiefe Wälder, unerwartete Begegnungen und eine unvergessliche Nacht unterm Sternenhimmel.

#UrlaubbeidenNachbarn #Rheingau #Wald&Weinberge #Sternschnuppennächte

Natur trifft Historie: Die Geschichte des Klosters Eberbach reicht fast 900 Jahre zurück.

Zum berühmten Kloster Eberbach (kloster-eberbach.de) im Tal des Kisselbachs im Rheingau pilgern täglich unzählige Menschen, um sich auf die Spuren des bescheidenen Lebens der Mönche und des Kultfilms »Der Name der Rose« zu begeben, für den die ehemalige Zisterzienserabtei als Kulisse diente. Spätestens am Abend reisen die Ausflügler wieder heimwärts. Genau dann umgeben die fast 900 Jahre alten Mauern diese besondere, mystische Stimmung.

Warum also nicht einfach bleiben und eine Nacht an diesem faszinierenden Ort verbringen, inklusive einer sagenhaften Aussicht auf das Kloster – und das vom Bett aus! Aber vorher will noch die Abtei mit dem beeindruckenden Kapitelsaal, ein Zeugnis gotischer Baukunst, besichtigt werden.

Auch eine erste Erkundung der dicht bewaldeten Umgebung darf nicht fehlen. Nur knapp zwei Kilometer entfernt, findet man an der Kisselmühle einen Ort mit für die Region ungewöhnlichen tierischen Bewohnern. Kängurus, Alpakas, Rentiere und Kamele leben hier und geben sich vergnügt dem Futtern hin. Wem da selbst der Magen knurrt, der lässt sich in der Klosterschänke verköstigen (Reservierung empfohlen).

Nach dem Essen folgt der ersehnte magische Moment. Denn mit der Dämmerung legt sich eine friedliche Stille über das Tal, und es ist Zeit, ins Schlafgemach zu schlüpfen. Zwischen den Reben und mit phänomenalem Blick auf das Kloster ist ein sleeperoo aufgestellt. Der gemütliche Schlafwürfel bietet ein komfortables Bett und einen Panoramablick in den Sternenhimmel. Ein unvergessliches Erlebnis.

Ganz im Zeichen der Rheingauromantik steht der zweite Tag. Bei einer zehn Kilometer lan-

Außergewöhnlich übernachten im Pop-up-Würfel und tagsüber Bekanntschaft mit Kängurus.

gen Rundwanderung taucht man ein in die reizvolle Landschaft, geprägt von Wald und Weinbergen. Los geht's direkt am Kloster, zunächst der Beschilderung des Rheinsteigs folgend. Nach einem steilen Anstieg durch den heimischen Urwald öffnet sich der Blick Richtung Rheinhessen, und der Rhein glitzert durch die Bäume im Tal.

3,5 Kilometer später erreicht man das Weindorf Kiedrich (www.kiedrich.de), auch als Schatzkästlein der Gotik bekannt. Straußwirtschaften, Gutsschänken und das nette Café Ginkgogarten (cafe-ginkgogarten.de) locken zu einer ersten Pause. Wer lieber erst Strecke machen möchte, findet nach weiteren 3,5 Kilometern den idyllischen Wacholderhof (landcafe-wacholderhof.com). Im Gartencafé lässt es sich herrlich unter Schirmen oder alten knorrigen Bäumen verweilen, und die Waffeln sind ein Gedicht.

Hin & weg: Vom Bahnhof Eltville mit der Buslinie 172 bis Kloster Eberbach (Barockpforte).

Beste Zeit: Am besten eine warme Sommernacht mit der Aussicht auf einen sternenklaren Himmel wählen. Der Wacholderhof öffnet am Wochenende und an Feiertagen sein Landcafé.

Dauer & Strecke: 2 Tage für Besichtigung des Klosters und Besuch der Kisselmühle an Tag 1 und die 10 km lange Wanderung (ca. 3 Std. reine Gehzeit) an Tag 2.

Ausrüstung: Festes Schuhwerk, Taschenlampe, Mückenschutzmittel, Wanderausrüstung, kleine Spende für den Besuch bei der Kisselmühle.

Wenn es Nacht wird: Neben dem Gästehaus des Klosters gibt's die Möglichkeit in einem Pop-up-Schlafwürfel im Weinberg mit sagenhaftem Blick aufs Kloster zu übernachten. Buchung und Standortsuche über sleeperoo.de

---

Es folgt die letzte Steigung des Tages den Steinberg hinauf. Obacht auf dem Weg, denn nachdem man die Domäne Neuhof passiert hat, geht's rechter Hand einen Torbogen hindurch die Stufen hinauf und durch ein Metalltörchen.

Zum Abschluss wandert man entlang der alten Mauer und an Streuobstwiesen vorbei. Dabei nicht vergessen, innezuhalten, um sich an den Rheinblicken zu erfreuen. Nach einem letzten steilen Abstieg blitzt das Kloster zwischen den Blätter hervor.

FAZIT: KEIN GEHEIMTIPP, DIE ÜBERNACHTUNG MACHT DIE ESKAPADE JEDOCH AUßERGEWÖHNLICH. EIN MINIURLAUB FÜR ABENTEUERLUSTIGE ROMANTIKER UND HOBBYHISTORIKER.

SAVOIR-VIVRE AN DER SELZ

... auf dem Selztalradweg

Im Hochsommer schwingen wir uns aufs Rad und folgen der Selz bis zur Mündung. Vorbei an Sonnenblumenfeldern, durch Weinorte und über so manchen Hiwwel führt die Tour – mit Halt an einem Hoteljuwel, von dem man am liebsten nie wieder wegmöchte.

#lavieestbelle #Radfahrvergnügen #fachwerkverliebt

Sommerfreuden: An Sonnenblumenfeldern vorbeiradeln und nach der Tour im Pool abkühlen.

Auf knapp 61 Kilometern schlängelt sich die Selz von ihrer Quelle östlich von Orbis in der Pfalz bis nach Frei-Weinheim, wo sie in den Rhein mündet. Die abwechslungsreiche Landschaft, die das Gewässer durchfließt, erlebt man am besten vom Fahrradsattel aus. Auf dem Selztalradweg (www.rheinhessen.de/selztal-radweg) passiert man rebenbesetzte Hänge, weite Felder und saftige Wiesen. Dabei ist so manche Steigung zu meistern. E-Biker sind klar im Vorteil.

Start der zweitägigen Radtour ist der Bahnhof in Alzey. Zunächst geht's am Roßmarkt und am Alzeyer Schloss vorbei, bevor man nach etwa fünf Kilometern die Stadt hinter sich lässt und in die Natur eintaucht. Schafhausen streifend, folgt man der Selz entlang von

Die Kuchen in Blums Café sind nicht nur optisch ein Leckerbissen.

Pferdekoppeln und urwüchsiger Abschnitte bis Gau-Odernheim. Hier lohnt ein kleiner Abstecher Richtung Obermarkt. Bei der Gelateria Icaro kann man sich wunderbar für einen Moment niederlassen und mit einer Eiswaffel in der Hand die altehrwürdigen Fachwerkhäuser bestaunen. Hübsch restauriert, verzücken diese auch im nur zwei Kilometer entfernten Bechtolsheim. Davor gilt es aber noch eine hügelige Etappe um den Petersberg zu überwinden. Das Schöne, wenn man den nächsten Hiwwel gemeistert hat: Oben angekommen, kann man erst mal verschnaufen und gemütlich bergab rollen.

Nach 23,5 Kilometern taucht zwischen goldenen Feldern die Herberge für die Nacht auf. In Jordan's Untermühle trifft mediterranes Ambiente auf rheinhessische Gemütlichkeit. Ab in den Pool und im Anschluss auf die lauschige Terrasse des Weinhotels, um sich mit kreativen und saisonalen Köstlichkeiten verwöhnen zu lassen! *À la bonne heure!*

Am nächsten Tag geht's durch Hahnheim und ein kurzes Stück den Radweg parallel der Landstraße entlang. Vor dem Wahlheimer Hof biegt man links ab und folgt der herrlichen Strecke durch das Naturschutzgebiet Hahnheimer Bruch. Etwa auf Höhe von Udenheim wartet ein kurzer, steiler Anstieg - ein Stück zu schieben ist keine Schande.

Die nächste Einkehrmöglichkeit ist nicht mehr fern. Nach elf Kilometern lohnt es sich, an der Pariser Straße in Nieder-Olm bei Blums Café (blumscafe.de) sündigen Kuchen zu verspeisen. Wer noch etwas Platz für ein Souvenir hat, stöbert im dazugehörigen Laden.

Hin & weg: Vom Bahnhof Alzey losradeln. Nach dem Wochenende geht's vom Bahnhof Ingelheim heimwärts.

Beste Zeit: Im Sommer, wenn die Sonnenblumen blühen.

Dauer & Strecke: 2 Tage für 23,5 km am 1. und 34 km am 2. Tag.

Ausrüstung: Kopfbedeckung, Sonnencreme, Badesachen für den Pool, Rad. Alternativ Letzteres in der Unterkunft leihen.

Wenn es Nacht wird: Direkt am Selztalradweg gelegen, lässt das Weinhotel Jordan's Untermühle (www.jordans-untermuehle.de) keine Wünsche offen. On top bietet die Unterkunft eine Radstation und einen Verleih an. Wer nicht mit der Bahn oder eigenem Rad anreisen möchte, fährt mit dem Auto her, schnappt sich eines der Miet-E-Bikes und erkundet von hier den Selztalradweg nach Lust und Laune.

Einige Steigungen gilt es zu überwinden auf dem Selztalradweg. Zwischendurch rollt man durch historische Ortskerne, wie den von Bechtolsheim.

Danach geht's geradewegs nach Stadecken-Elsheim, den Ortskern umfahrend und die Selz kreuzend, bevor der nächste Weinort schon in Sicht ist. Schwabenheim an der Selz. Auch hier verführen Winzer und Restaurants, der Margaretenhof auf der Strecke lädt zu einer Verschnaufpause ein. Die hat man bitter nötig, denn es folgt eine steigungsreiche Strecke. Kurz vor Ingelheim sind die Strapazen geschafft und man kann gemütlich bis nach Frei-Weinheim rollen, wo in der schönen Auenlandschaft die Selz in den Rhein mündet.

FAZIT: SO FACETTENREICH IST RHEINHESSEN. EINE ENTSCHLEUNIGENDE GENIEßERTOUR TROTZ ANSPRUCHSVOLLER ABSCHNITTE.

VON MAUL-BEEREN UND MÄRCHEN

… in Wöllstein

Durch verwinkelte, kopfsteingepflasterte Gassen streifen, Mogli im Wald besuchen und in einem bezaubernden Hof, wie man ihn kaum schöner in der Provence findet, den Abend ausklingen lassen. Ein Mini-urlaub für die Seele.

#Märchenpfad #Wein-O-Mat #Küstenwanderung

Nachts in Wöllstein: Gemütlich unterm Maulbeerbaum sitzend, kann man schon mal die Zeit vergessen.

→ MINIURLAUB …

Umgeben von den Hügeln und Tälern der Rheinhessischen Schweiz, zwischen Bad Kreuznach und Alzey, liegt die Gemeinde Wöllstein. Insbesondere Ruhesuchende finden hier alles, was es für eine friedliche Auszeit plus Wanderungen durch abwechslungsreiche Natur braucht. Beim Spaziergang durch Wöllstein vorbei an außergewöhnlich arrangierten Vorgärten grüßt man freundlich. Blumenberankte Fachwerk- und Backsteinfassaden wechseln sich ab, geschmückt von bunten Klappläden. Ein Fotomotiv jagt das nächste.

Im Sommer lädt der durch den Ort plätschernde Appelbach dank der Stufen in der Marktstraße dazu ein, die Füße im kühlen Nass zu erfrischen. Erstaunlich viel zu entdecken gibt's in der 4500-Einwohner-Gemeinde, darunter sogar ein Arboretum (Sammlung verschiedenster Pflanzenarten) am und auf dem Firmengelände von JUWÜ.

Ein Rundgang führt durch die weitläufige Anlage mit über 600 Bäumen, Gehölzen, Gräsern und Sträuchern sowie imposanten Mammut-

Im Arboretum spaziert man zwischen Ginkgos, Mammutbäumen und Kakteen.

bäumen und Gewächshäusern voller Kakteen. Werktags herrscht auf dem Firmengelände reger Verkehr, daher sollte man beim Besuch in dieser Zeit eine Warnweste tragen. Oder noch besser zum Feierabend oder am Wochenende vorbeischauen.

Der Appetit treibt einen zurück Richtung Wöllsteiner Zentrum. Wie wäre es mit Griechisch? Im Restaurant Mythos (www.hotel-restaurant-mythos.de) kredenzt man allerlei landestypische Spezialitäten. Alternativ lädt vor den Toren Wöllsteins die Straußwirtschaft Alte Ölmühle zur Einkehr ein. Für die Nacht trumpft Wöllstein mit einer wahren Wohlfühloase auf. Inmitten des alten Ortskerns verbirgt sich der entzückende Maulbeerhof (www.maulbeerhof.de). Kater Findus rekelt sich auf dem Teppich zwischen Vintage-Sesseln, und im Hof trifft man auf den Namensgeber des Gästehauses, von dessen im Sommer voll behangenen Ästen genascht werden darf. Die Beeren des Baums haben sogar schon den Weg in die Landeshauptstadt gefunden und wurden bei N'Eis zu leckerer Eiscreme verarbeitet. Für ein Weilchen genießt man die Maulbeeren, das mediterrane Flair und ein Glas Grauburgunder vom Weingut aus dem Nachbarort Siefersheim, bevor das Bett ruft.

Am nächsten Morgen steht eine zwölf Kilometer lange Rundwanderung auf dem Programm. Von Wöllstein schlängelt sich der gut ausgeschilderte Küstenweg durch die Rheinhessische Schweiz. Er bringt die erdgeschichtliche Vergangenheit der Region näher bis in jene Zeit vor 30 Millionen Jahren, als Rheinhessen von einem subtropischen Meer überflutet war. Gleich zu Beginn führt der Weg

---

Hin & weg: Von Alzey mit Bus 440 bis Wöllstein, Mitte.

Beste Zeit: Frühling–Herbst. Wer von den Maulbeeren im Hof naschen möchte, plant die Eskapade zwischen Juni und Ende August. Am besten am Wochenende oder an einem Feiertag kommen, dann besteht die Chance auf Winzerausschänke entlang der Küstenwanderung.

Dauer & Strecke: 2 Tage für Streifzüge durch Wöllstein und die 12 km lange Wanderung am nächsten Tag.

Ausrüstung: Turnschuhe und Wanderrucksack.

Wenn es Nacht wird: Mit seinem charmanten Innenhof und gemütlichen Zimmern ist der Maulbeerhof ein echtes rheinhessisches Juwel.

Kreative Gartenfreunde geben in Wöllstein Einblick in ihre grünen Oasen. Am zweiten Tag liegt Neu-Bamberg auf der Wanderstrecke.

durch das zauberhafte Wöllsteiner Tälchen, wo man unter anderem auf Pippi Langstrumpf und Herrn Nilsson trifft. Einer ganzen Reihe Märchenfiguren, gestaltet von Bildhauerin Stefanie Neumann, begegnet man hier, bevor der Pfad weiter nach Neu-Bamberg, Siefersheim und schließlich zurück nach Wöllstein verläuft. Dabei erwandert man herrliche Landschaften, kommt an Weingütern vorbei und passiert Highlights wie den legendenumrankten Ajaxturm.

FAZIT: ENTDECKUNGSREISE IN MÄRCHENWELTEN, PRÄHISTORISCHE ZEITEN – GEKRÖNT MIT EINEM ECHTEN ÜBERNACHTUNGSSCHATZ.

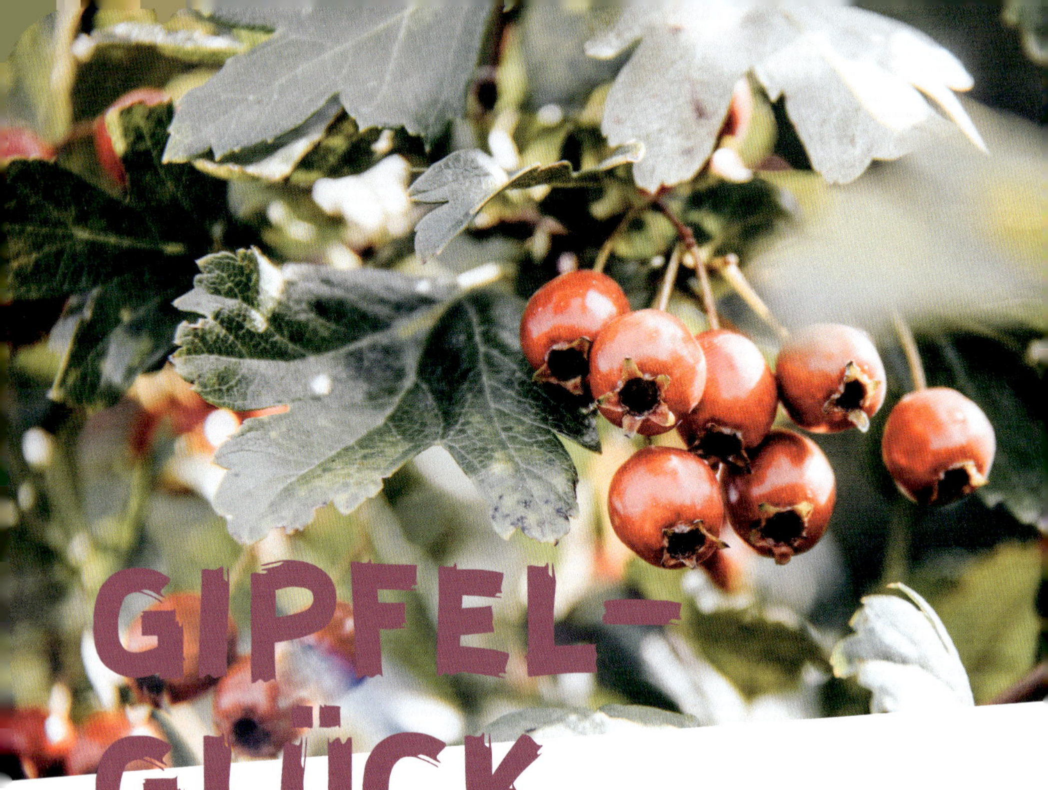

GIPFEL-GLÜCK

... auf dem Wißberg

#50

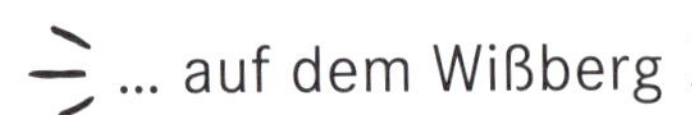

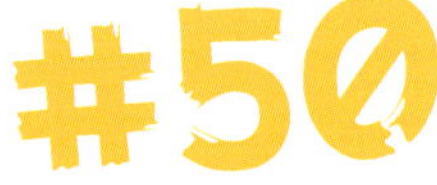

Abwechslungs- und aussichtsreich halten die Wanderwege auf und um den Wißberg so manche Überraschung bereit. Ein Miniurlaub, der Genussmomente mit Weinbergpanoramen verbindet, gewürzt mit einer Prise Entdeckerlust.

#ViaVinea #panoramasüchtig #Weinberghotel#ganzschönvielHolzvorderHütte

Hochgefühle auf dem Wißberg: Sein langgestrecktes Plateau brachte ihm den Beinamen »Tafelberg«.

Auf und um den Wißberg bei Sprendlingen gibt's so viel zu erleben, dass man sich am besten zwei volle Tage für den »Tafelberg« vornimmt. Sein langgestrecktes Plateau verlieh dem Wißberg seinen Spitznamen. Mit 270 Metern zählt er zu den höchsten Erhebungen im rheinhessischen Hügelland und punktet mit einer ganzen Reihe beschilderter Wanderwege, die von den umliegenden Gemeinden hinauf in luftige Höhen führen.

Ideal, um den Wißberg und seine Besonderheiten kennenzulernen, ist die Via Vinea. Der 3,5 Kilometer lange Rundweg, den man auf sieben Kilometer ausweiten kann, wurde auf Initiative von Winzern und Winzerinnen

des Sprendlinger Bauern- und Winzerverbandes geschaffen. In Sprendlingen startend, verläuft der Weinlehrpfad an 22 Stationen vorbei und hält neben Wissenswertem über Weinanbau und Aromen einen Barfußpfad, einen Kräutergarten und zahlreiche gemütliche Rastplätze bereit.

Hin & weg: Sprendlingen und Gau-Bickelheim sind mit dem Zug von Worms oder Bingen erreichbar.

Beste Zeit: Im Frühling oder Herbst, da die meisten Wege schattenlos sind.

Dauer & Strecke: 2 Tage für die Via Vinea (7 km) und die Wanderung nach Gau-Bickelheim (9,1 km).

Ausrüstung: Bequeme Schuhe, ausreichend Proviant, Sonnencreme und eine Kopfbedeckung.

Wenn es Nacht wird: Sehr schön direkt auf dem Wißberg gelegen ist das Weinberghotel Hofgut Wißberg (www.hofgut-wissberg.de). Alternativ bietet z. B. die Pension Friedrich (www.alzeyer-land.de/de/gastgeber-angebote/unterkunft.php?id=296d283a-35d6-440a-bfed-45a0844d0030) Zimmer im historischen Ortskern von Gau-Bickelheim.

Am zweiten Tag werden erneut die Wanderschuhe geschnürt. Beim Hofgut Wißberg startet eine 9,1 Kilometer lange Tour, die den Panoramaweg mit einer Erkundungstour durch Gau-Bickelheim kombiniert. Zunächst folgt man der Beschilderung P. Die ersten Kilometer spaziert man gemütlich am Rande des Wißbergplateaus. Golfspieler auf dem Fairway zur Linken, herrliche Weitblicke über die Hügel Rheinhessens zur Rechten.

Bald gelangt man zu einer Wiese mit einem Gipfelkreuz. Hier reicht der Blick sogar bis zum Donnersberg in der Pfalz. Kurz darauf

Um den und auf dem Wißberg winden sich zahlreiche Wanderrouten. Schön zum Einstimmen ist die Via Vinea.

folgt man einem kleinen Abschnitt der Via Vinea bis zur Wegkennzeichnung 1, von wo es ganz gemächlich bergab Richtung Gau-Bickelheim geht.

Am Ortsrand überquert man die Gleise und biegt, nachdem man den Bahnhof passiert hat, rechts ab. Auf der Brücke über den Wiesbach, die Nepomuk-Skulptur grüßend, flaniert man nun durch die historischen Gassen Gau-Bickelheims. Der Streifzug führt am pastellfarbenen Rathaus vorbei, und wer möchte, lässt sich einen Moment auf der Feierabendbank nieder. Was wohl passieren mag, wenn man das Glöckchen über der Bank läutet?

Nochmals über den Bach und am Brückenheiligen vorbei, läuft man auf der Bahnhofstraße weiter geradeaus, bis sich wieder das Rebenmeer vor einem ausbreitet. Entlang einiger Stationen eines Kreuzweges geht's den Hang bergauf zur Kreuzkapelle. Vor dem aus Sandstein erbauten Kirchenbau mit dem markanten roten Ziegeldach warten ein schönes Fleckchen für eine Rast und eine Liege, um die Füße hochzunehmen. Im Anschluss wandert man gemächlich weiter hinauf zum Start des Rundweges am Weinberghotel.

FAZIT: PANORAMEN, GENUSS UND EINE DOSIS WELLNESS AUF DER VIA VINEA: NACH DEM WOCHENENDE WILL MAN DIE ZEIT AM LIEBSTEN NOCH MAL AUF ANFANG STELLEN.

DER MUSCHEL NACH

... von Wörrstadt bis Gau-Algesheim

Im Herbst lockt die Mutter aller Wanderrouten dazu ein, durch die farbenfrohe Natur Rheinhessens zu pilgern. Ein Wochenende auf dem Jakobsweg – ausgerüstet mit Proviant, Blasenpflastern und Pilgerausweis zum Stempelsammeln.

#aufJakobsSpuren #pilgern #durchFeldWein&Wald

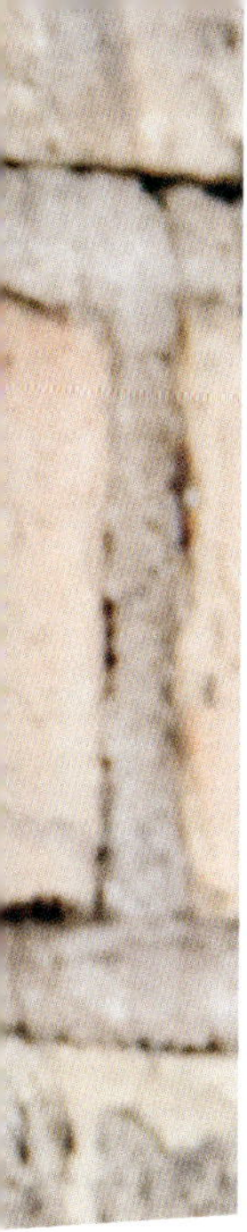

→ MINIURLAUB

Angekommen in dem charmanten Weindorf Ober-Hilbersheim, hat man das Tagesziel erreicht.

Einst aus religiöser Motivation, wandern heute auch viele nichtgläubige Menschen auf den Spuren des heiligen Jakobus. Auf der Suche nach einem tieferen Sinn, um psychische und physische Grenzen auszutesten oder um Kraft in der Natur zu tanken. Als bekanntester Jakobsweg gilt der Camino Francés nach Santiago de Compostela. Auch durch Rheinhessen schlängeln sich mit der gelben Muschel markierte Pfade. Nämlich auf 73 Kilometern von Bingen bis Worms. Entlang des Weges findet man kleine Briefkästen und Stationen mit Stempeln für den Pilgerpass (http://www.jakobusgesellschaft.eu > Pilgerausweise > Regionaler Pilgerausweis).

Diese Etappe führt auf insgesamt 27 Kilometern an zwei Tagen von Wörrstadt bis nach

Unterwegs mit leichtem Gepäck. Weniger ist beim Pilgern in jedem Fall mehr.

Gau-Algesheim und ist wie gemacht für ein Herbstwochenende. Vom Startpunkt, dem Wörrstädter Bahnhof, sind es nur wenige Meter bis zum Feldrand, und schon bald geht's der Muschel nach durch die herbstlich bunten Weinberge. Ein Weinberghäuschen oberhalb von Sulzhein lädt zu einer ersten Rast ein, bevor man am Ortsrand hinabsteigt und dem Radweg Richtung Vendersheim folgt.

In Vendersheim wandert man durch den Ortskern und holt sich an der katholischen Kirche den ersten Stempel ab. Durch das Schulgässchen läuft man hoch zum Weinbergsturm. Dort warten ein herrliches Panorama und eine schöne Picknickmöglichkeit.

Nach der Rast führt der Jakobsweg zwischen Feld und Wein mit Weitblicken über die Hügel Rheinhessens hin zum charakteristischen Wißberg bis Wolfsheim. Von da ist es nur noch ein Katzensprung bis Ober-Hilbersheim, das nach etwa zwölf Kilometern hinter der Kuppe auftaucht – das heutige Etappenziel. Das Weindorf ist bekannt für seinen Märchen-Weihnachtsmarkt. Zur Adventszeit ist es von einem festlichen Zauber umgeben, und in den verwinkelten Gassen und Innenhöfen gibt's von Kunsthandwerk bis zu weihnachtlichen Leckereien allerlei zu entdecken. Auch wer auf der Suche nach einer Pilgerherberge ist, wird fündig. Der Winzerhof Zum Kelterhaus (zum-kelterhaus.de) direkt auf der Wegstrecke ist wie gemacht, um sich von der ersten Etappe zu erholen.

Am zweiten Tag lässt man Ober-Hilbersheim hinter sich, bewältigt einen kleinen Anstieg

Rheinhessen im herbstlichen Gewand in Dorf und Land. Im Winzerhof Zum Kelterhaus werden die Pilger mit Kaffee willkommen geheißen.

durch ein Wäldchen und folgt der Muschel durch die Weinberge bis zum Ortsrand von Appenheim. Dort lockt die Hundertguldenmühle (www.100guldenmuehle.de) mit exquisiten Gerichten. Einen Stempel für den Pilgerausweis kann man sich ebenfalls abholen.

Der Muschel immer weiter nach, wandert man am Jüdischen Friedhof vorbei, biegt kurz darauf links ab und überquert die Landstraße. Durch die Felder geht's stetig sachte bergauf, bis kurz vor Laurenziberg die steilste Steigung der Tour in Angriff genommen wird. Unterhalb des Weinguts Lich führt ein schmaler, verwunschener Pfad durch das Dorf bergab. Dann wartet der Endspurt: Es liegen nun nur noch etwa vier Kilometer durch Wiesen, Weiden und Wein bis nach Gau-Algesheim vor einem.

FAZIT: PILGERN FÜR ANFÄNGER – WER DEN CAMINO NOCH SCHEUT, FOLGT ERSTMAL DER MUSCHEL DURCH RHEINHESSEN.

Hin & weg: Start und Ziel sind prima mit der Regionalbahn zu erreichen, z. B. aus Alzey oder Mainz.

Beste Zeit: Im Herbst. Die Wege sind größtenteils schattenlos und asphaltiert.

Dauer & Strecke: 2 Tage für insgesamt 27 km. Der Weg ist an manchen Kreuzungen nicht eindeutig beschildert. GPS-Download ist empfehlenswert.

Ausrüstung: Festes Schuhwerk, Wechselkleidung, Proviant.

Wenn es Nacht wird: Etwa auf halber Strecke im Weindorf Ober-Hilbersheim bietet der Winzerhof Zum Kelterhaus gemütliche Zimmer und einen herrlichen Innenhof.

WINTER-STILLE

… in Ockenheim

Wenn sich Rheinhessen von seiner frostigen Seite zeigt und die Weinberge wie gezuckert aussehen, begeben wir uns auf die Spuren des Eisweins. Und wo, wenn nicht im Geburtsort dieser Weinspezialität. Ganz in der Nähe lockt zudem eine meditative Auszeit.

#Eisweinwanderweg #WinterWonderland #IceIceBaby #übernachtenimKloster

Kunst am Wegesrand: Die Jakobsleiter leuchtet mit der Wintersonne um die Wette.

In Bingen-Dromersheim soll der süße Dessertwein das erste Mal gelesen worden sein – durch eine Zufallsentdeckung. Das Jahr 1829 bescherte Dromersheim keine reiche Traubenernte, und so ließ man die wenig versprechende Lese einfach sein. Im Winter pflückte man die noch an den Reben baumelnden Trauben dann doch, um sie als Tierfutter zu verwerten. Was dem Vieh wunderbar schmeckte, mundete auch dem Mensch, so stellte es sich wenig später heraus. Die Menge der Trauben war zwar gering, aber sie begeisterten die Dromersheimer mit einer köstlichen Süße und hohem Mostgewicht.

Der Tradition nachspüren kann man bei einer Eisweinwanderung. Zuvor taucht man jedoch tiefer in die Materie des Weins ein. Hoch oben auf dem Jakobsberg befindet sich eine außergewöhnliche Weinlaube. Zwei Reihen mit jeweils 65 Weinstöcken kann man hier bewundern. Wenn im Spätsommer die Trauben reif sind, darf man sogar von ihnen naschen. Jetzt im Winter lässt man sich zu-

So selten die Schneetage in Rheinhessen vorkommen, so wohltuend sind sie.

mindest die Namen der Rebsorten auf der Zunge zergehen.

Gleich neben der Laube liegt das Kloster Jakobsberg (www.klosterweingut.de), dessen Geschichte bis ins Jahr 1720 zurückreicht, als es aus einer Wallfahrt zu Ehren der vierzehn Nothelfer entstand. Damals gab es lediglich eine kleine Kapelle samt Eremitage. Die heutige Kapelle wurde Mitte des 19. Jahrhunderts errichtet. Nach dem Ersten Weltkrieg hielt schließlich auch das Klosterleben auf den Jakobsberg Einzug.

Heute sind ruhe- und besinnungssuchende Gäste willkommen. Die kleine Auszeit kann jeder so gestalten, wie er möchte. Besucher sind zur Mitfeier der Gebetszeiten eingeladen, können aber auch einfach für sich die Umgebung genießen, die einige fantastische Wanderwege bereithält. Einer davon ist der bereits angekündigte Eisweinwanderweg, der beinahe in Rufweite am Kloster vorbeiführt.

Los geht's durch die frostige Winterlandschaft Richtung Dromersheim. Unterwegs kommt man am Dromersheimer Hörnchen mit einer traumhaften Aussicht vorbei. Zahlreiche Bänke laden dazu ein, ein bisschen länger zu verweilen. Bis zum Rochusberg und den Hunsrück kann man den Blick schweifen lassen.

Den Rucksack wieder geschultert, wandert man in einem weiten Bogen bis Dromersheim, wo man sich auf einen kleinen Abstecher zum Eisweindenkmal begibt: Vom Kreisel aus leuchtet einem die im Eis gefangene Traube,

Am Aussichtspunkt des Friedenskreuzes wandert der Blick bis zu Rheingau und Taunus. Im Winter steht die Chance, das Panorama für sich allein zu genießen, gut.

das Wahrzeichen der Ortschaft, entgegen. Das Kunstwerk hinter sich lassend, folgt eine Etappe stramm bergauf bis zum Ockenheimer Hörnchen. Oben am Friedenskreuz belohnt einen der herrliche Blick über das Rheintal bis hin zum Rheingau und dem Taunus für die Anstrengung. Wer genau hinschaut, erspäht vielleicht sogar das Kloster Eibingen und das Niederwalddenkmal. Hat man sich so langsam sattgesehen, geht's auf dem letzten Kilometer zurück zum Start der Tour, dem Kloster Jakobsberg.

FAZIT: AUF DEN SPUREN DES EISWEINS – EINE AUSSICHTSREICHE WANDERUNG SAMT BESINNLICHER ÜBERNACHTUNG.

Hin & weg: Von der nächstgelegenen Bushaltestelle in Ockenheim ist es ein ca. 30-minütiger Fußmarsch bis zum Kloster. Am besten mit dem Auto anreisen.

Beste Zeit: An einem freundlich-frostigen Winterwochenende.

Dauer & Strecke: 2 Tage. Für die 11 km lange Wanderung ca. 3–3,5 Std. reine Gehzeit einplanen. Die Wegweiser der Eisweinwanderung sind noch nicht installiert – also GPS-Tracks downloaden.

Ausrüstung: Proviant und festes Schuhwerk mit Profil. Hat es die Tage zuvor geregnet, sind einzelne Abschnitte matschig und rutschig. Außerdem weht rund um den Jakobsberg oft ein frischer Wind. Warme Mütze und Schal sind also ratsam.

Wenn es Nacht wird: Das Kloster Jakobsberg verfügt über Einzel- und Doppelzimmer, und auch für die Verpflegung ist gesorgt.

SONST NOCH WICHTIG

Ein- und Überblick

Karten für den schnellen Überblick, praktische Tipps, mehr über die Autorin sowie ein Ortsregister zum schnellen Nachschlagen gibt es auf den folgenden Seiten.

GPX-Download aufs Smartphone – so geht's

Voraussetzung:
Eine Outdoor-App muss installiert sein, z. B. KOMPASS, Outdooractive oder Komoot. Zum Einlesen des QR-Codes benötigen ältere Android-Geräte eine QR-Code-App. Bei neueren Android- und iOS-Geräten ist diese Funktion in der Kamera integriert.

Daten downloaden:

1. Den QR-Code einlesen oder die Webadresse im Browser eingeben, um auf die Eskapaden-Website zu gelangen.
2. Die gewünschte Tour zum Download anklicken.
3. Bei IOS-Geräten werden die GPX-Daten direkt mit der vorab installierten App verknüpft. Bei Android-Geräten muss ggf. noch ein Weiterleiten-Button geklickt werden (z. B. oben rechts im Display). Manche Apps zeigen den Tourverlauf starr an, andere haben eine Navigationsfunktion dabei.

Tourenverlauf

GPX-Daten zum kostenlosen Download
www.dumontreise.de/eskapaden/rheinhessen

short.travel/m4sqp

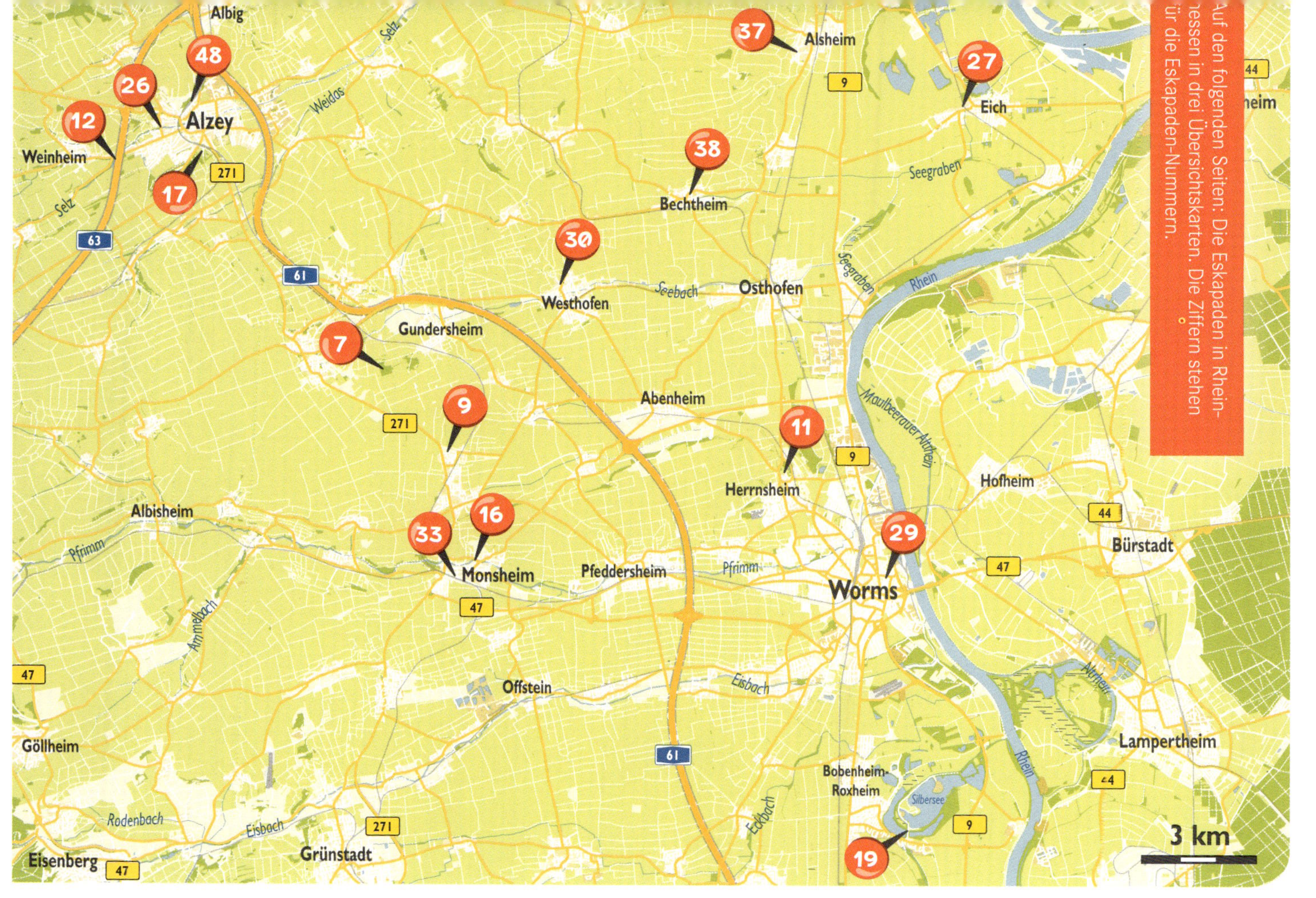
Auf den folgenden Seiten: Die Eskapaden in Rhein-
hessen in drei Übersichtskarten. Die Ziffern stehen
für die Eskapaden-Nummern.
Albig
Alsheim
Eich
Alzey
Weinheim
Bechtheim
Westhofen
Osthofen
Gundersheim
Abenheim
Herrnsheim
Hofheim
Bürstadt
Albisheim
Monsheim
Pfeddersheim
Worms
Offstein
Lampertheim
Bobenheim-Roxheim
Göllheim
Grünstadt
Eisenberg
Rhein
Altrhein
Maulbeerauer Altrhein
Seegraben
Seebach
Weidas
Selz
Pfrimm
Ammelbach
Eisbach
Eckbach
Rodenbach
Silbersee
3 km
37
27
48
26
12
17
38
30
7
9
11
16
33
29
19
9
44
271
63
61
47

Lorch
Wisper
Presberg
Stephanshausen
Kiedrich
Erbbach
Eltville am Rhein
Hallgarten
Rhein
Elsterbach
Oestrich-Winkel
Heidenfahrt
Selz
Frei-Weinheim
Rüdesheim am Rhein
Ingelheim am Rhein
Bingen
Kempten
Weiler bei Bingen
Gau-Algesheim
Ockenheim
Schwabenheim an der Selz
Nahe
Sponsheim
Windesheim
Welzbach
Guldenbach
Gensingen
Welgesheim
Wiesbach
Vendersheim
Hargesheim
Sprendlingen
Appelbach
Wörrstadt
Bad Kreuznach
Hacken-heim
Norheim
Wöllstein
Ebernburg
Frei-Laubers-heim
Flonheim
Wonsheim
Feilbingert
Fürfeld
Albig
3 km

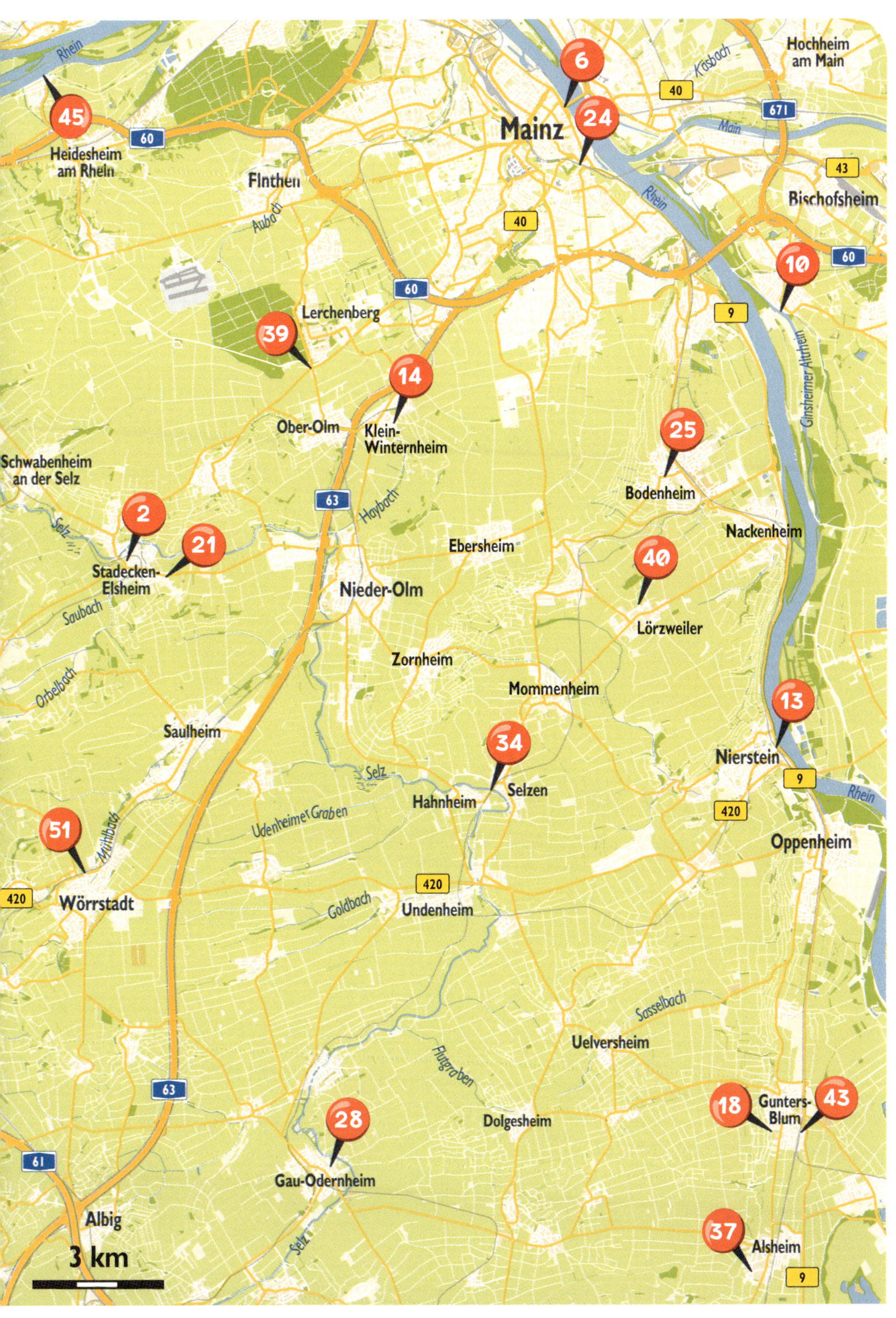

Rhein
45
Heidesheim am Rhein
60
Finthen
Aubach
6
24
Mainz
40
Käsbach
Hochheim am Main
671
Main
43
Bischofsheim
Rhein
40
60
10
60
9
Lerchenberg
39
14
Ober-Olm
Klein-Winternheim
Ginsheimer Altrhein
25
Bodenheim
Schwabenheim an der Selz
63
Haybach
Nackenheim
2
21
Selz
Stadecken-Elsheim
Ebersheim
40
Nieder-Olm
Lörzweiler
Saubach
Zornheim
Orbelbach
Mommenheim
13
Saulheim
34
Nierstein
Selz
9
Hahnheim
Selzen
Rhein
420
Udenheimer Graben
51
Mühlbach
Oppenheim
420
420
Wörrstadt
Goldbach
Undenheim
Sasselbach
Uelversheim
Flutgraben
63
18
Gunters-Blum
43
28
Dolgesheim
61
Gau-Odernheim
Albig
Selz
37
Alsheim
3 km
9

NOCH MEHR ESKAPADEN ...

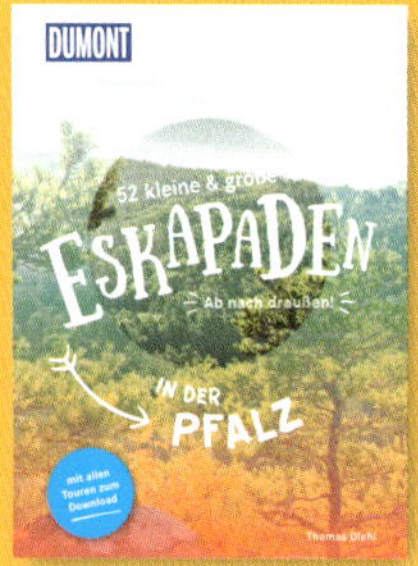

ISBN 978-3-7701-8094-3 ISBN 978-3-7701-8097-4 ISBN 978-3-7701-8091-2

 ... erhalten Sie im gut sortierten Buchhandel und unter www.dumontreise.de 

IMPRESSUM

Reihenkonzept Monique Sorban

Projektmanagement Tamara Siedler

Cover-/Buchgestaltung & Illustrationen Carolin Weidemann, Köln, www.weidemann-design.com

Umschlaggestaltung, Lektorat & Produktion Verlagsbüro Wais & Partner (Meike Diekmann, Beate König, Julia Rietsch, Kai Wieland), Stuttgart, www.wais-und-partner.de

Text & Fotos Sarah Waltinger, Mainz, www.itchyfeet-travel.de

Kartografie © KOMPASS, Innsbruck, unter Verwendung von Kartendaten von © OpenStreetMap-Mitwirkende, Lizenz CC-BY-SA 2.0

Hinweis Alle Informationen wurden mit größtmöglicher Sorgfalt geprüft. Infolge der Corona-Pandemie kann es allerdings zu kurzfristigen Geschäftsschließungen und anderen Änderungen vor Ort gekommen sein.

Printed in Poland

1. Auflage 2022

ISBN 978-3-616-02804-0

www.dumontreise.de

Weiterlesen

Auf dem Blog www.rheinhessenliebe.de gibt's Insidertipps und regionale Rezepte. Ausflugsideen und Lieblingslokale findet man auf rhein-main-blog.de. Neuigkeiten und Eventinfos, auch über die Stadtgrenze hinaus, bietet das Magazin www.dermainzer.net

Geschmackssachen

Als größte Weinregion Deutschlands sind Winzerausschank, Weinstube und Weingastronomie nicht aus Rheinhessen wegzudenken. Tipp: Am Wochenende und an Feiertagen stehen die Einkehrchancen gerade in den kleinen Weindörfern deutlich besser als unter der Woche.

GUT ZU WISSEN ...

Ohne Auto

Die meisten Eskapaden sind mit dem ÖPNV erreichbar. Jedoch braucht es in entlegeneren Ecken auf dem Land mitunter etwas Geduld, da die Fahrpläne weniger eng getaktet sind. Bus- und Bahnverbindungen für die Region findet man auf www.vrn.de, www.rnn.info und www.rmv.de. Mit dem Rheinland-Pfalz-Ticket fährt man zum Sparpreis.

Sicherheit & Notfälle

Zentrale europäische Notrufnummer ist die 112 – gebührenfrei aus allen Netzen (auch mobil) erreichbar. Feuerwehr und Rettungsdienste werden so alarmiert.

Vor Ort im Netz

Eine interaktive Karte und hilfreiche Infos bietet die Rheinhessen-Touristik GmbH unter www.rheinhessen.de. Im Rheinhessen-Blog gibt's Spannendes zur Historie und Gastronomie sowie Wanderberichte.

ESKAPADEN-REGISTER ...

Alle Orte mit Seitenverweisen

SARAH WALTINGER

... über die Autorin

Schon zu Schulzeiten sprach Mainzerin Sarah Waltinger oft vom Auswandern in südliche Gefilde. Von einem Haus am Meer mit Klappläden an den Fenstern und Zitronenbaum im Garten oder einer Stadtwohnung in Lissabon mit Blick auf den Tejo. Heute ist Sarah zwar als Reisebloggerin auf der ganzen Welt unterwegs, Mainz als Wohnsitz aber treu geblieben und spürt mit Vorliebe verborgene Schätze in der Region auf.

Über ihre Entdeckungen in der Ferne und vor der Haustür schreibt sie auf www.itchyfeet-travel.de und rhein-main-blog.de

Urlaubsfeeling

Eskapade #28: Charmante Dörfer liegen eingebettet in sanfte Hügellandschaften. Wer bei diesem Bild an die Toskana denkt, dem sei ein Ausflug zum Petersberg ans Herz gelegt - ein Ort, der die Sehnsucht nach Italien zu stillen vermag

Hochsommerfreuden

Eskapade #45: In der Hängematte dösen, sich im kühlen Nass erfrischen und die warme Sommersonne bis zur letzten Minute auskosten. In Heidenfahrt findet man zahlreiche Gründe für einen sommerlichen Freudentaumel.

5 BESONDERE EMPFEHLUNGEN ...

Mainz mal anders

Eskapade #24: Sogar Kenner der rheinland-pfälzischen Landeshauptstadt könnten bei diesem alternativen Stadtrundgang hier und da ganz neue Seiten an Mainz entdecken, abseits von Dom und Rheinpromenade.

Feierabend-Vergnügen

Eskapade #10: Von Mainz geht's mit dem Rad auf die andere Rheinseite zu den hessischen Nachbarn. Dort tauscht man Bike gegen Board und gleitet gemütlich beim Stand-up-Paddeln in den Feierabend.

Nachtwandeln

Eskapade #18: In der Dunkelheit erlebt man die Region auf ganz neue Weise, und auch andere Sinne sind nun gefragt. Ein nächtliches Abenteuer mit Lost-Place-Vibes.

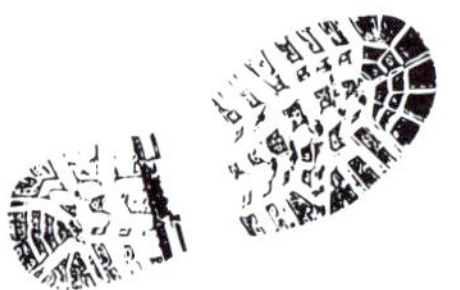